国家社会科学基金项目资助

面向大数据的单元信息组织体系研究

张 娟 吕叶欣 陈人语 邓 菲 著

国家图书馆出版社

图书在版编目（CIP）数据

面向大数据的单元信息组织体系研究 / 张娟等著 . — 北京：
国家图书馆出版社，2023.12
ISBN 978-7-5013-7594-3

Ⅰ.①面… Ⅱ.①张… Ⅲ.①知识组织系统－研究
Ⅳ.① G254.0

中国版本图书馆 CIP 数据核字（2022）第 175332 号

书　　名	**面向大数据的单元信息组织体系研究**	
	MIANXIANG DASHUJU DE DANYUAN XINXI ZUZHI TIXI YANJIU	
著　　者	张　娟　吕叶欣　陈人语　邓　菲	
责任编辑	邓咏秋	
封面设计	耕者设计工作室	

出版发行	国家图书馆出版社（北京市西城区文津街 7 号　100034）
	（原书目文献出版社　北京图书馆出版社）
	010-66114536　63802249　nlcpress@nlc.cn（邮购）
网　　址	http://www.nlcpress.com
排　　版	北京旅教文化传播有限公司
印　　装	河北鲁汇荣彩印刷有限公司
版次印次	2023 年 12 月第 1 版　2023 年 12 月第 1 次印刷

开　　本	710mm×1000mm　1/16
印　　张	11.5
字　　数	171 千字
书　　号	ISBN 978-7-5013-7594-3
定　　价	78.00 元

前　言

随着网络化和数字化技术的发展，文献信息呈爆炸式增长。图书馆作为文献信息处理机构，以信息资源整序为目标，将无序信息变为有序信息，以方便用户利用。面对大数据环境，图书馆传统的以文献单元为基础的信息组织方式已不能适应用户的知识性需求，文献信息资源的数据化和语义化成为信息组织的发展趋势。为实现文献信息资源的知识组织，本书采用单元信息的概念。所谓单元信息是指文献中独立的、内容意义完整的、读者可直接引用的一个知识单元。比如论述某一问题的观点、数据、方法的段落或语句，这样的段落或语句就叫单元信息。单元信息的意义在于图书馆通过对文献信息进行过滤、清洗，挖掘核心信息，提供精准知识服务，这是知识创新的过程，能够赋予原始信息新的价值。

本书在知识单元和知识组织理论基础上，提出单元信息基本理论，并通过本体、知识图谱、关联数据、自然语言处理等新型知识组织技术的运用，提出面向大数据的单元信息组织体系（Unit Information Organization System，UIOS），主要内容包括单元信息资源体系和知识组织方法体系。同时，本书以养生领域为例，进行了养生领域本体构建、养生单元信息知识库的构建研究，并在此基础上设计开发集语义检索、语义展示、智慧问答为一体的单元信息知识服务平台。该平台是单元信息组织体系的应用案例，通过对文献单元信息的提取和语义标注，实现单元信息语义检索、关联和可视化，提供图书馆馆藏文献的知识服务。

本书为国家社会科学基金重点项目"面向大数据的单元信息组织体系研究"（14ATQ）的研究成果。课题结项后，我们继续对课题内容进行跟踪研究，在课题研究报告基础上进行修改、补充而完成本书。

本书共分为七章。第一章是绪论，介绍了研究背景、大数据的概念和特点、大数据对知识组织的影响，阐述了构建面向大数据的单元信息组织体系的意义，对知识组织理论及相关研究现状、研究内容、研究方法和技术路线等进行了介绍。第二章是知识组织系统及相关技术，介绍了知识组织的定义及原理，知识组织系统的内涵和分类，以本体、语义网、关联数据、自然语言处理等为代表的知识组织相关技术。第三章是单元信息基本理论，主要包括单元信息的内涵、模型构建、抽取原则与方法、单元信息组织方法。本章首先阐述了单元信息的概念、内涵和类型；其次，重点介绍了单元信息描述模型和语义模型构建，以及单元信息人工抽取和自动抽取的两种方法；最后，论述了单元信息的知识组织特点和方法。第四章是单元信息组织体系构建研究，介绍了单元信息组织体系内涵和单元信息组织体系建设框架，论述了单元信息组织资源体系建设和方法体系建设。第五章是单元信息组织实证研究，以养生领域为例开展了养生文献资源体系建设、养生领域本体构建、养生领域单元信息知识图谱构建，以及养生领域单元信息关联数据构建与发布的实践研究。第六章是养生单元信息知识服务平台设计与实现。第七章是总结与展望，对全书内容进行总结，分析研究中存在的问题和不足，并对未来的单元信息组织研究进行展望。

本书的具体分工如下：

本书整体结构设计和统稿由张娟负责。

第一章由陈人语撰写；

第二章由邓菲撰写；

第三章由吕叶欣撰写；

第四章由张娟和吕叶欣联合撰写；

第五章由陈人语和吕叶欣联合撰写；

第六章由张娟和吕叶欣联合撰写；

第七章由张娟撰写。

康迪和孙慧明参与了本书文字编辑和校对工作。

本书在写作过程中得到了很多专家学者的鼎力相助，其中倪晓建教授对本书的研究思路给予了悉心指导，中国科学技术信息研究所白海燕老师在知识组织研究思路和方法方面提供了建设性意见，中国人民大学索传军教授在单元信息模型构建方面提出了宝贵的建议，中国科学技术信息研究所刘耀教授在知识图谱技术实现方面提供了有力支持。

由于作者水平有限，书中难免存在不足之处，恳请各位读者批评指正。

张　娟

2023 年 10 月

目　录

1 绪论

1.1 研究背景与意义

1.1.1 研究背景

1.1.1.1 大数据的概念及特点

大数据既是信息革命的产物，又推动着信息革命的深入发展。大数据的开发与研究使大数据发展为一种新型的生产力，产生了一系列新的价值。2008年9月《自然》杂志推出了名为"大数据"的封面专栏，阐述了数据在数学、物理、生物、工程及社会经济等多学科扮演的愈加重要的角色[①]。2009年联合国提出"数据脉动"，并发布《联合国"全球脉动"计划——大数据发展带来的机遇与挑战》报告，计划在研究、创新实时信息数据分析的方法和技术，集中整合开放源代码技术包，分析实时数据并共享预测结论等方面开展相关试验[②]。2011年英国宣布了全民数据权（Right to Data）的新计划，该计划名为"我的数据"（mydata）[③]。2012年美国政府在白宫网站发布了《大数据研究和发展倡议》，旨在提高和改进人们从大量复杂数据集合中获取知识的能力，以加

---

① 王曰芬,傅柱.大数据环境下知识表示与知识组织理论方法实践应用［J］.数字图书馆论坛,2014（3）:32.

② LETOUZÉ E. Big data for development:opportunities and challenges［EB/OL］.［2023-10-19］. https://www.unglobalpulse.org/document/big-data-for-development-opportunities-and-challenges-white-paper/.

③ Right to data and the protection of freedoms bill［EB/OL］.［2023-10-23］. https://gds.blog.gov.uk/2011/02/15/right-to-data-and-the-protection-of-freedoms-bill/.

快美国在科学和工程领域发展的速度[①]。同年，中国通信学会成立大数据专家委员会，旨在探讨大数据的核心科学与技术问题，推动大数据学科方向的发展，为相关政府部门提供大数据研究与应用的战略性意见与建议[②]。

大数据的概念到目前并没有统一的界定。麦肯锡全球研究所报告《大数据：创新、竞争和生产力的下一个前沿》中把"大数据"定义为"大小超出了传统数据库软件工具的抓取、存储、管理和分析能力的数据群"[③]。国际数据公司（International Data Corporation，IDC）对大数据的定义为"通过高速的采集、发现和分析，从超大容量的多样化数据中经济地提取价值"[④]。"大数据"是海量数据＋复杂类型的数据[⑤]。国际商业机器公司（International Business Machines Corporation，IBM）、上海社会科学院信息研究所等国内外著名公司和权威机构对大数据特点进行了相关总结。IBM 用 3 个维度相结合来定义大数据：数量（volume，或称容量）、速度（velocity）和种类（variety，或称多样性）[⑥]，或者简称3V，即大容量、极快速度和种类丰富的数据[⑦]。浙江大学智能系统与控制研究所研究员将大数据的特点总结为容量大、种类多、速度快和价值密度低。上海社会科学院信息研究所在对国外大数据的研究进展进行梳理和分析的基础上，从大、联、隐、真、融、伦 6 个方面概述了大数据的特点与精髓，"大"表现为计算数据单位从 GB 到达了 TB、PB，甚至是 EB；"联"

①　Big data research and development initiative［EB/OL］.［2023-10-19］. https://digitalpreservation.gov/meetings/documents/ndiipp12/Day%202/BigData_Gutmann_DP12.pdf.

②　曾建勋，魏来.大数据时代的情报学变革［J］.情报学报，2015（1）:38.

③　Big data:the next frontier for innovation， competition， and productivity［EB/OL］.［2023-10-19］. https://www.mckinsey.com/~/media/mckinsey/business%20functions/mckinsey%20digital/our%20insights/big%20data%20the%20next%20frontier%20for%20innovation/mgi_big_data_exec_summary.pdf.

④　Extracting value from chaos［EB/OL］.［2023-10-23］. https://www.slideshare.net/llevine/idc-report-extractingvaluefromchaos

⑤　张卓琳.基于大数据思维的上海服装销售与经济统计数据的相关关系研究［D］.上海:东华大学，2015:13.

⑥　What is big data? More than volume， velocity and variety［EB/OL］.［2023-10-19］. https://developer.ibm.com/blogs/what-is-big-data-more-than-volume-velocity-and-variety/?mhsrc=ibmsearch_a&mhq=big%20data.

⑦　周苏，王文.大数据及其可视化［M］.北京:中国铁道出版社，2016:5.

表现为人、流程、数据以及事物之间的多层次、立体多样、及时快速的互联；"隐"表现为人们通过深入挖掘才能发现大数据的隐性价值；"真"表现为来源与构成更立体、更多样的大数据有利于呈现数据的真实性；"融"表现为现实社会与网络社会、传统模式与新兴模式、静态模式与动态模式的融合；"伦"表现为现代社会需要应对信息安全威胁，使个人隐私安全问题得以防范和可控①。

1.1.1.2　大数据对信息组织的影响

将大数据作为重要的生产要素和战略资产已经成为人们的共识。组织、开发数据资源的潜在价值，对数据和信息按照科学、有序的方式进行管理是信息组织的主要目标。大数据时代的到来，对信息组织提出了新的要求，信息组织需要适应大数据资源的新型特点。

首先，数据量巨大、数据流转快速是大数据资源最显著的特点，这对信息组织的数据采集、分类管理等提出了巨大挑战。大批量地采集、筛选数据资源如果依然使用人工技术，肯定无法跟上数据资源更迭的速度。因此，大数据背景下的信息组织技术首先应结合自动化技术，才能应对不断变换的海量数据。其次，数据类型的多样性、数据结构的异构性，给大数据的信息组织造成了障碍。信息组织工作要将多源异构的数据加工成规范的结构化数据，才能达到有效组织的目标。因此，信息组织在数据描述与融合的标准规范制定方面要跟上大数据发展的步伐。最后，大数据价值的体现来自数据资源之间的关联与推理。信息组织工作要实现数据之间的广泛关联，这种需求为信息组织语义揭示增加了深度，拓展了广度。

大数据时代数据资源的特点导致信息组织工作依然面临诸多困难与挑战。第一，全自动化的、实时更新的信息组织技术还有待开发。全自动化技术的背后是大量的机器学习、算法、语义模型等人工智能技术的支撑。目前，信息组织领域还没有完全成熟的、快速高效的人工智能技术的应用。第二，大数据资源的存储和传播涉及各种媒介，每种媒介对资源格式、描述都有各自的标准。实现各种标准之间的兼容、资源描述元数据之间的映射是信息组织工作的基础。但是，数据资源描述规范与标准的兼容和统一，工作量巨大，这是大数

---

① 刘智慧,张泉灵.大数据技术研究综述［J］.浙江大学学报（工学版）,2014（6）:961.

据背景下信息组织的难点。第三，传统信息组织方法缺乏语义关联与融合，难以实现现有资源与网络规范知识体系的关联与共享，降低了数据资源的应用价值。语义化是机器可读的前提，是数据资源通过逻辑推理、实现信息价值增值的基础。构建信息组织语义模型，加强数据资源的语义关联和价值开发，是信息组织工作的重点。

信息组织是图书馆学情报学专业的核心知识，在计算机产生之前，组织对象主要是文献信息。随着现代信息技术和网络技术的发展，特别是大数据时代的来临，信息组织工作的对象范围从文献信息扩展到网络信息；信息组织的目标逐渐从信息转变为知识。情报学家布鲁克斯认为：知识是由相互关系连接起来的结构。大数据时代的到来，信息技术的发展推动着图书馆信息组织向知识组织发展。

1.1.2 研究意义

1.1.2.1 大数据背景下知识组织的变化

1. 知识组织对象的复杂化和细粒度化

大数据作为一种重要的信息资产，可为人们提供全面的、精准的、实时的商业洞察和决策指导[①]。大数据智能决策就是用智能计算方法对大数据进行智能化分析与处理，从中抽取结构化的知识，进而对问题进行求解或对未来做出最优判断[②]。图书情报领域的知识组织技术是实现知识组织对象从数据到知识的有效工具。

大数据环境下的图书馆资源类型呈现出多样化、异构化、动态化特点，信息种类繁多，不仅包括纸质印本、光盘、数据库资源等结构化信息，还包括用户浏览、借阅等非结构化异构数据[③]。随着智慧图书馆建设的不断深入，图书馆非结构化数据和半结构化数据将成为图书馆资源的重要组成部分。半结构化数据是指使用树形（Tree）数据结构模型的各类数据总称，例如互联网的

---

① 王国胤,于洪.多粒度认知计算——一种大数据智能计算的新模型[J].数据与计算发展前沿,2019(6):77.

② 于洪,何德牛,王国胤,等.大数据智能决策[J].自动化学报,2020,46(5):878-896.

③ 何胜,熊太纯,周冰,等.高校图书馆大数据服务现实困境与应用模式分析[J].图书情报工作,2015(11):50.

HTML 文档等[①]。非结构化数据指的是没有一种预定义的数据模型或者不是以一种事先已经定义好的方式进行组织的数据结构。图书馆的非结构化数据包括文档、图像、音频、视频等格式的数据，以及社交媒体中产生的数据。

图书馆的非结构化数据占据较大的数据体量，具有较强的挖掘价值。在读者服务过程中，尤其是个性化服务、智能化服务方面，非结构化数据具有重要的挖掘意义。由于非结构化数据没有规定的结构，数据分散且无序，不易于管理，机器也难以理解，需要经过复杂的数据处理才能使用[②]。

细粒度是大数据时代发展的特点，也是大数据背景下图书馆知识组织的必然趋势。将模糊数学中的粒度计算理论，应用于数据挖掘和知识发现中，是一种新的方法[③]。建立数据之间的关联与推理，实现信息资源价值增值，是大数据时代知识组织的重要使命。将知识组织对象从以文献为核心转向以数据为核心，是大数据时代对图书馆文献知识组织提出的必然要求。信息资源类型的不断发展，网络资源的快速膨胀，异构型、碎片化信息的大量出现，给信息服务、知识服务带来了巨大挑战。各领域信息需求的精细化、精确化、全面化，成为图书馆文献知识组织工作向细粒度化方向发展的动力。

2. 知识组织手段的自动化和语义化

人工智能和语义网技术的发展也深刻影响了知识组织技术的变革，未来知识组织将向着自动化和语义化方向发展。面对大规模的实时数据、关联数据、动态数据和非结构化数据，关联分析、聚类分析、数据挖掘、语义引擎、预测建模、情感分析、可视化分析等方法为图书馆大数据分析提供了发展空间[④]。

对海量异构数据进行语义整合，实现异构数据之间的互操作是对大数据进行有效挖掘的重要基础。语义网技术为异构数据提供数据互操作的技术基础，也为大数据的有效分析提供了一种技术途径。国际万维网组织制定和出台了一系列语义技术标准，得到广泛应用。其中主要的语义技术标准包括以下四类：

---

① 李巍,廖雪花,杨军.基于频繁子树模式的半结构化数据集聚类[J].计算机工程与设计,2022,43(10):2783-2789.

② 于溪淼.基于主动学习的半结构化数据清洗技术研究[D].哈尔滨:哈尔滨工业大学,2017:17.

③ 刘勇.基于粒度计算的知识发现研究及其应用[D].杭州:浙江大学,2006.

④ 陈近,文庭孝.基于云计算的图书馆大数据服务研究[J].图书馆,2016(1):54.

网络资源描述框架（Resource Description Framework，RDF）和网络资源描述框架模式（Resource Description Framework Scheme，RDFS）、网络本体语言（Web Ontology Language，OWL）、RDF 查询语言（RDF Query Language）、规则交换格式（Rule Interchange Format，RIF）。语义技术标准的基本作用是对网络资源进行描述，用于提供语义唯一标识，同时让数据内容独立于表达形式[①]。语义技术采用面向知识提取和知识表达的技术方式，更接近于人类的知识表达方式，使用户可以方便地审核知识表达的正确性，同时也可以代替现有大量的人工干预工作。

3. 知识组织结果的开放化和关联共享

麦肯锡全球研究院于 2011 年发布了《大数据：创新、竞争和生产力的下一个前沿领域》报告，指出数据正在成为与物质资产和人力资本相提并论的重要生产要素，大数据的使用将成为未来提高竞争力、生产力、创新能力以及创造消费者盈余的关键要素[②]。不只企业越来越重视对规模化数据的开发和使用，发展大数据也成为国家发展的重要战略。2009 年，美国就建立了统一的数据开放门户网站 data.gov，全面开放政府拥有的公共数据[③]。2013 年 6 月 18 日，八国集团首脑在北爱尔兰峰会上签署《开放数据宪章》，各国表示要进一步向公众开放可机读的政府数据[④]。我国也于 2015 年出台了《促进大数据发展行动纲要》，深化大数据在各行业的创新应用，促进大数据产业健康发展[⑤]。

在开放数据的浪潮中，科研数据的开放存取也越来越受到重视。欧美等发达国家与地区先后制定了明确的政策，以推动科学数据管理与开放共

---

① 黄智生.大数据时代的语义技术[J].数字图书馆论坛，2016（10）：10.

② 专家解读：大数据在当前为何受到前所未有的重视[EB/OL].[2023-10-26]. http://theory.people.com.cn/n/2013/0520/c112851-21543092.html.

③ Data.gov background[EB/OL].[2023-10-26].https://data.gov/user-guide/.

④ G8 open data charter and technical annex[EB/OL].[2023-10-26].https://www.gov.uk/government/publications/open-data-charter/g8-open-data-charter-and-technical-annex.

⑤ 国务院印发《促进大数据发展行动纲要》[EB/OL].[2023-10-26].https://www.gov.cn/xinwen/2015-09/05/content_2925284.htm.

享①②。2018 年我国国务院办公厅印发了《科学数据管理办法》，加强和规范科学数据的采集生产、加工整理、开放共享等各个环节的工作③。

随着"数据开放共享"理念的不断深入，"开放数据运动"的蓬勃发展，政府数据、科研数据、经济数据等各种有价值的数据的开放、关联、共享成为大数据时代数据资源管理的显著特点。知识组织作为信息资源管理的重要手段，知识组织结果的开放化和关联共享则是必然。

大数据的特点是从异构的数据仓储中挖掘有用的信息进行关联分析，推导出隐含的知识和信息。图书馆的馆藏文献中蕴含丰富的知识，用户要提取这些知识和信息就需要图书馆信息组织由封闭走向开放。关联数据给图书馆带来了机会，让图书馆有可能遵循一种泛在的技术规范提供服务，从而真正地将自己融入整个信息世界。关联数据以通用的格式（RDF）发布数据，能够容易地被其他系统汇聚和利用；通过采用关联数据技术，图书馆能够成为一个关联枢纽，可以连接各种图书馆相关者，将其整合在一起，形成一个真正的集成图书馆系统；关联数据还有助于图书馆实现"智能联合检索"和开发基于语义的搜索引擎④。在大数据环境下，图书馆海量的结构型和非结构型数据资源也可以采用关联数据技术进行"语义化"，实现资源的共享。

1.1.2.2　面向大数据的单元信息组织体系

图书馆是专门收集、整理、保存、传播文献并提供信息服务的机构。图书馆传统的馆藏信息资源，包括各类文献资源、数字资源、学术数据库、会议学术资料等。图书馆信息组织是对文献、信息、数据进行描述、标引、揭示，使之有序化的过程，其目的是将无序的、分散的数据和信息整理成有序的信息资源，保证用户的有效获取和利用。

传统的图书馆信息组织手段以整本文献作为信息处理对象，未能揭示文献

① Preparing your data management plan［EB/OL］.［2023-10-26］. https://new.nsf.gov/funding/data-management-plan#nsfs-data-sharing-policy-1c8.

② Publishing your research findings［EB/OL］.［2023-10-26］. https://www.ukri.org/manage-your-award/publishing-your-research-findings/making-your-research-data-open/.

③ 让科学数据开放共享成为常态［EB/OL］.［2023-10-26］. https://www.gov.cn/zhengce/2018-04/05/content_5279957.htm.

④ 林海青,楼向英,夏翠娟.图书馆关联数据:机会与挑战［J］.中国图书馆学报,2012（1）:66.

中蕴含的知识。大数据环境下，传统的文献信息组织方式已不能适应用户的需求，依托大数据技术，如机器学习、数据挖掘、数据整合模型、可视化技术等，提升文献组织的自动化水平和效率，实现文献组织的自动化、语义化、知识化。借助大数据技术，信息组织机构可以从文献中挖掘出更深的知识资源，从对整篇文献的组织发展到对文献中知识元、知识单元等的组织，实现对细粒度文献的组织，从而实现信息增值。文献信息组织在大数据时代开始向知识组织转变，知识组织方法和体系是大数据资源发挥作用的重要保障。语义标注是大数据时代普遍采用的一种计算机领域的知识组织技术，但没有形成领域规范。单元信息组织体系研究正是利用图书馆学情报学在知识组织方面的专业优势，结合大数据特点，对特定领域知识进行规范化、体系化、语义化组织，为知识服务走向深入打下基础。大数据时代，用户需求也从传统的文献服务，转向更精准的知识服务。信息组织机构将面向用户开展个性化知识服务、基于本体的用户需求建模、基于用户实时检索信息的本体建模等研究。这些研究拓展了大数据背景下知识服务的范畴，推动着图书馆对信息组织方法和体系进行改进，以适应快速增长的大数据环境。

本书采用"单元信息"的概念。所谓单元信息是指文献中隐含的有价值的观点、方法、数据、论述、结论等片段信息，单元信息的实质是文献中的"知识单元"①。本书采用单元信息的意义在于：第一，对信息进行过滤，消除噪声污染，加速信息的交流与传递；第二，遵循用户在文献利用中的便捷原则，为用户提供一条获取和吸收信息的捷径；第三，基于单元信息的知识组织是一个知识创新过程，本书通过对单元信息进行分析、选择和组织，赋予原始信息新的价值。单元信息组织体系研究的意义如下：

1. 理论意义

文献信息组织的对象由文献单元深入到知识单元，实现对细粒度文献信息的揭示，构建多层次多粒度的知识组织体系是信息组织理论的发展方向。本书通过构建单元信息组织体系，丰富信息组织理论的内涵，为图书馆文献信息组织实践提供理论支持。此外，本书通过将本体、关联数据、知识图谱引入单元信息组织，丰富了文献信息组织方法和手段，完善了文献知识组织

---

① 付苓.基于本体网络概念化单元信息研究［J］.情报杂志,2018（1）:122.

理论体系。

2. 现实意义

图书馆有大量的馆藏资源，通过对文献资源进行深层次的加工处理，达到提供知识服务的目的，这个知识组织工作具有很强的现实意义。本书将结合文献资源内容，选取一个特色文献专题进行单元信息的挖掘和组织，建立专题单元信息知识库，以具体的实例推动单元信息组织加工的实践，并最终形成单元信息组织体系。

1.2 研究现状

1.2.1 知识组织理论研究

1.2.1.1 知识组织概念研究

知识组织是图书馆学的核心知识，也是图书馆知识服务的基础。知识组织的研究与发展，从 1929 年知识组织概念的提出到今天，走过了将近百年的历史。其中，知识组织方法与知识组织对象、信息技术发展紧密相关。计算机技术诞生以后，知识组织理论和实践不断发展创新。

1964 年，我国学者袁翰青在论文《现代文献工作基本概念》中提出"知识组织"说法，认为"文献工作就是知识组织工作"[①]。1975 年，英国情报学家布鲁克斯提出了"认知地图"的设想，期望能直接对文献的逻辑内容进行知识分析和组织，以便找到知识创造过程中的连接点，从而深入揭示知识的有机结构。20 世纪 70 年代后期，美国情报学家弗拉基米尔·斯拉麦卡提出了"知识元"的概念，指出知识控制的单位将从文献深化到文献中的数据、公式、事实、结论等最小的独立的"知识元"（当时称为"数据元"）[②]。1988 年，四川省图书馆张德芳提出了文献中蕴含知识单元，指出"开发智力资源，激发和活

---

① 袁翰青.现代文献工作基本概念［J］.图书馆,1964（2）:25-31.

② 文庭孝,罗贤春,刘晓英,等.知识单元研究述评［J］.中国图书馆学报,2011（5）:75.

化凝固在文献中的知识是现代图书馆工作的出发点和归宿"①。情报学专家马费成也指出，"知识信息的表达和组织，必须从物理层次的文献单元向认知层次的知识单元或情报单元转换"②。

1989 年，国际知识组织学会（International Society for Knowledge Organization，ISKO）成立，并以促进知识组织系统在各领域的研究、发展和应用为目标和使命。2012 年，我国大学数字图书馆国际合作计划（China Academic Digital Associative Library，CADAL）颁布《数字图书馆知识组织服务标准（CADAL 41201—2012）》，从数字图书馆建设角度，指出"知识组织指对知识单元进行标引，并构建其语义关系"③。上海图书馆研究员夏翠娟认为知识组织经历了三个发展阶段。第一阶段是用以分类法为代表的方法进行知识组织的阶段，第二阶段是以元数据方案为代表的 2.0 的知识组织阶段，第三阶段是以语义网、知识图谱、人工智能、大数据技术等代表的知识组织 3.0 阶段④。关于知识组织的定义，目前被学界普遍接受的是蒋永福的描述，"知识组织是以知识为对象的诸如整理、加工、表示、控制等一系列组织化过程及其方法"⑤。

大数据时代，知识组织研究呈现"柔性化""精细化""自动化"3 个显著变化⑥。大数据时代图书馆读者的信息获取方式发生转变，图书馆应使信息资源合理碎片化，并以碎片化的信息资源为基础，针对读者的个性化需求，提供微小化、差异化和个性化的微服务⑦。大数据环境中的文献信息组织对象从文献单元向知识单元转变是文献组织的发展趋势。本书所采用的单元信息是一种细粒度文献信息，属于知识单元的范畴。本书期望通过对单元信息组织方法的研究，指导对细粒度文献的组织，满足用户知识需求。

单元信息也称精粹信息，是指隐含在原始文献内部的知识信息单元，相关

① 张德芳.激发和活化凝固在文献中的知识——论图书馆改革[J].四川图书馆学报,1988 (6):2.

② 马费成.情报学的进展与深化[J].情报学报,1996(5):342.

③ 潘云鹤.CADAL项目标准规范汇编(四)[M].杭州:浙江大学出版社,2016.

④ 夏翠娟.知识组织方法和技术的演变及应用[J].晋图学刊,2021(6):1-9.

⑤ 蒋永福.论知识组织[J].图书情报工作,2000(6):5-10.

⑥ 宋培彦.术语计算与知识组织研究[M].北京:科学技术文献出版社,2018:4.

⑦ 何志俊.大数据环境下碎片化信息资源对图书馆微服务的影响[J].情报探索,2016(6): 129.

概念还包括文献单元、信息单元、知识单元、知识元等。在 CNKI 中以单元信息、知识单元、文献单元、知识元等为主题检索，检索时间自 1984 年起，截止到 2023 年 10 月 19 日，共检出相关文献 6680 篇。文章发表时间和主题分布如表 1-1 所示。

表 1-1　单元信息相关主题论文发表情况

单位：篇

时间	文献单元	信息单元	知识单元	知识元
1984—1993 年	8	42	111	24
1994—2003 年	58	76	447	95
2004—2013 年	60	629	1223	697
2014—2023 年	34	913	1386	877

从 1984—2023 年这 40 年的发展历程，我们可以看出关于知识元、知识单元、信息单元的研究发展迅猛，相关研究文献数量都处于上升趋势。其中知识元和信息单元研究的相关文献数量增速最快，知识单元研究的文献数量最多。同时，通过对这些文献的梳理，笔者发现学者们分别从不同角度对文献中的知识组织对象进行了研究。研究主要集中在信息计量学、信息组织和知识组织三个领域。信息计量学领域的研究主要关注文献中知识的计量，注重讨论知识单元的粒度；信息组织领域的研究主要关注文献中知识揭示和加工的方法；知识组织领域的研究则关注知识的表示、抽取以及聚合方面的技术。

1.2.1.2　知识组织对象研究

知识组织对象是知识组织研究的基础。知识组织对象的特征决定了知识组织方法、技术、体系等理论构建。本书主要从知识组织的语义关联和组织对象的粒度两方面对知识组织对象进行阐述。

"粒度"的概念由美国自动控制专家扎德（Zadeh）于 1997 年在其模糊信息粒化和词计算理论中提出，并明确粒化、组织和因果三个基本概念[①]。粒化

---

① ZADEH L A. Toward a theory of fuzzy information granulationand its centrality in human reasoning and fuzzy logic［J］. FuzzySets & Systems，1997，90（90）：111-127.

指将整体分解为部分；组织是粒化的逆过程，即将部分合并为整体；因果是部分间的关联[①]。根据粒化的分解程度（即粒度），可分为粗粒度（最大粒度）、中粒度（介于粗粒度和细粒度间的粒度）、细粒度（基本粒度，不可再分的粒度）三个层次[②]。

在知识组织研究中，王忠义等认为粒度是"依据知识的抽象程度对馆藏知识进行划分，识别出知识表示的基本单位"[③]。南京大学的赖璨等认为粒度是对不同层次知识的度量[④]。综合上述观点，知识组织对象按照粒度大小可以分为知识元、知识单元、细粒度和多粒度四个等级。

1. 知识元方面的研究

所谓知识元，是指不可再分割的具有完备知识表达的知识单位，是构成知识结构的基本单元。虽然学者们对知识元的具体内涵有不同定义，但基本认同知识元是具有完备知识表达的知识单位，是组成知识结构的基本单位。它可以是一个字、一个词、一个短语、一个公式、一段程序、一幅图像、一个表格等，是知识计量指标体系中不可再分割的最小的构成单位[⑤]。温有奎等将知识元分成两大类型：一类是描述型知识元，包括信息报道、名词解释、数值、问题描述、文献引证等类型的知识元；一类是过程型知识元，包括步骤、方法、定义、原理、经验等类型的知识元。华中师范大学张静等将知识元分为概念类、原理类、方法类、事实类、陈述类、数值类、模型类等7种类型[⑥]。

从知识资源中提取知识元的过程被称为知识元标引，也称为知识元挖掘。温有奎等在《知识元挖掘》一书中提出了知识元挖掘理论，并提出知识元的抽取的方法[⑦]。王燕等在知识元标引的基础上，提出了基于本体的将文本单元转

---

① 陈燕方.基于多粒度的图书馆知识服务创新[J].数字图书馆论坛,2018(3):25-30.

② 冯儒佳,王忠义,王艳凤,等.科技论文的多粒度知识组织框架研究[J].情报科学,2016,34(12):46-50.

③ 王忠义,夏立新.基于知识内容的数字图书馆跨学科多粒度知识表示模型构建[J].中国图书馆学报,2019(6):50.

④ 赖璨,陈雅.我国近十年知识组织技术研究进展分析[J].数字图书馆论坛,2020(12):13.

⑤ 高继平,丁堃,潘云涛,等.知识元研究述评[J].情报理论与实践,2015(7):136.

⑥ 张静,刘延申,魏金磊.论中小学多媒体知识元库的建设[J].现代教育技术,2005(5):69.

⑦ 温有奎,徐国华,赖伯年,等.知识元挖掘[M].西安:西安电子科技大学出版社,2005:170-196.

化为知识单元的系统模型和方法,对领域知识本体的构建进行了富有建设性意义的探索[①]。从现有研究来看,基于知识元的标引方法大致有 3 个主要步骤,即知识元表示、知识元抽取与知识元链接[②]。

知识元表示是知识元抽取的前提。文庭孝等基于中文文本无法实现自由、有效、自动切分的现状,认为中文知识元最合适的表达方式应该是主题树/主题概念地图形式,提出了用汉语主题词来表达知识的最小构成单元的中文文本知识元构建方法[③];化柏林将学术论文中的方法知识元归结为五种类型,并提出通过过滤句子中的领域关键词形成句子描述结构,形成方法知识元的描述规则,为后续知识元抽取提供支撑[④];谢庆球等提出了一种具有三层次、六元组的知识元表示方法,分别从定义、分类和数学描述三方面对本我层、自我层和超我层这三个层次的知识元进行形式化描述[⑤];秦春秀等以知识元理论为基础,通过对科技文本内部属性的语义分析,尝试构建细粒度的科技文本内容描述框架,实现了检索结果从海量的文献单元聚焦到精准化的知识元的转变[⑥];赵蓉英等基于构建主题词表进行文本抽取的方法,进行成果知识元的抽取,共归纳出事实知识元、定义知识元、结论知识元、方法知识元和关系知识元等 5 种知识元类型和 16 种智库成果知识元的具体描述规则[⑦]。

在知识元抽取方面,温有奎等先后提出了基于创新点的知识元提取模型,以及基于引文链的知识元挖掘思想[⑧];谈春梅等设计了基于文本信息预处理、

---

① 王燕,温有奎.文本单元向知识单元转化的研究[J].情报理论与实践,2007(3):409.

② 原小玲.基于知识元的知识标引[J].图书馆学研究,2007(6):45-47.

③ 文庭孝,侯经川,龚蛟腾,等.中文文本知识元的构建及其现实意义[J].中国图书馆学报,2007(6):93.

④ 化柏林.学术论文中方法知识元的类型与描述规则研究[J].中国图书馆学报,2016(1):30.

⑤ 谢庆球,秦春秀,杨智娟,等.知识元层次结构表示方法研究[J].情报理论与实践,2017(4):26-31.

⑥ 秦春秀,刘杰,刘怀亮,等.基于知识元的科技文本内容描述框架研究[J].图书情报工作,2017(10):116-124.

⑦ 赵蓉英,张心源.基于知识元抽取的中文智库成果描述规则研究[J].图书与情报,2017(1):119-127.

⑧ 温有奎,焦玉英.基于知识元的知识发现[M].西安:西安电子科技大学出版社,2011:99-111.

快速汉字，结合自增长分词、词频全文精确统计等重要功能的网络专题知识元自动抽取系统[①]；冷伏海等综合运用语义标注、规则抽取以及正则表达式技术，提出了一种混合语义信息抽取方法[②]；翟劼等针对知识元模型的特征，以短语结构树为基础，提出一种基于规则的知识元属性抽取方法，提高了知识元抽取效率[③]。

知识元链接是构建知识网络、形成知识增值的重要途径。知识元链接的基础是分析知识元之间的关联，温有奎等提出了基于共引知识元间语义关联的隐含知识发现方法[④]。高继平等认为知识元之间的关联包括隶属、交叉、共现、引用、共被引和耦合6种类型，而且知识关联带有方向性，包括无向、有向和双向3种类型[⑤]。毕经元分析了知识元及其链接理论以及知识元链接网络体系的构建方法，提出了基于web2.0的知识元链接网络系统设计和实现[⑥]。曾建勋指出基于知识元的知识组织链接不仅是当前知识链接的主要实现模式之一，而且是未来知识链接的发展趋势之一[⑦]。目前，知识元链接已经被应用于中国知网、万方数据、维普三大中文全文数据库的知识服务中。

2. 知识单元方面的研究

知识单元是大于知识元的一个概念。无论是知识元，还是知识单元，主要是对文献中蕴含的知识进行抽取、重组、有序化，强调知识本身而不看重文献本身。曹锦丹认为由知识因子和知识关联的网状结构表示的知识单元是知识组织的基本对象[⑧]。知识单元由一个或多个知识因子组成，知识关联在若干个知识因子间建立了联系。对文献知识的揭示方法目前还停留在分类标引法和主题标引法，这种对文献知识内容的揭示不能反映文献中的具体知识单元。徐树栋

① 谈春梅,颜世伟,刘子牧.网络专题知识组织知识元自动抽取系统的设计与实现[J].现代图书情报技术,2008(3):62.

② 冷伏海,白如江,祝青松.面向科技文献的混合语义信息抽取方法研究[J].图书情报工作,2013(11):112-119.

③ 翟劼,裴江南.基于规则的知识元属性抽取方法研究[J].情报科学,2016(4):43-47.

④ 温有奎,成鹏.基于知识单元间隐含关联的知识发现[J].情报学报,2007(5):653-658.

⑤ 高继平,丁堃,潘云涛,等.知识关联研究述评[J].情报理论与实践,2015(8):135.

⑥ 毕经元.基于web2.0的知识元链接网络系统[D].杭州:浙江大学,2010.

⑦ 曾建勋.知识链接及其服务研究[M].北京:科学技术文献出版社,2012:31-35.

⑧ 曹锦丹.基于文献知识单元的知识组织——文献知识库建设研究[J].情报科学,2002(11):1189.

认为知识组织由文献单元层次深入到知识单元层次，知识重组是知识组织的一种重要方式，并提出知识单元重组的类型有几种：聚类型重组、关联型重组、专题型重组、预测型重组[①]。黄仁浩等提出了基于知识单元的知识链组织方法。知识链可以从各种不同角度、不同侧面展示信息结构，为知识信息的组织提供技术支撑，知识链在各类检索系统中可采用自由文本方式、超文本方式或主页方式来进行知识组织[②]。施强等认为知识有序化是知识创新的基础，知识有序化一般通过知识聚类、知识因子有序化、知识关联网络化等方式来实现[③]。马费成指出知识组织的对象是知识单元以及知识单元之间的逻辑关系[④]。知识组织有两个层次，一是对知识单元本身进行描述和标引，二是揭示知识节点之间的逻辑联系。

由于学术界对知识单元的粒度尚未有明确的划分依据，知识单元的单体存在状态又模糊、不确定，知识单元的表示和抽取较为困难，因此以知识单元为基础的知识组织方式还不成熟，相关应用研究也较少。而知识元是一种可计量的知识单元形态，有关知识元的研究在实践领域的应用取得了一系列成果。

3. 细粒度方面的研究

细粒度化是知识组织研究一直都存在的研究角度，无论是知识元、知识单元、知识因子，还是文献单元、单元信息等，都是细粒度化的一种表现。但在语义网背景下，细粒度逐步成为知识组织理论研究的一种共识。本节所讲的细粒度是大于知识元、知识单元的知识组织对象，并且与相关语义信息具有广泛的语义关联。

在大数据和语义网环境中，细粒度知识组织方法主要集中于数字资源、网络资源、学术资源、科学文献等领域。知识组织的对象以数字化、规范化资源为主体。文献资源细粒度化的知识组织方法主要采用知识聚类、本体构建、语义关联等。细粒度知识组织方法弥补了知识元、知识单元组织对象过于细化的

① 徐树栋.知识创新与知识重组［J］.情报杂志,2002（6）:24.

② 黄仁浩,盛兴军,沈红,等.论知识组织与知识管理［J］.情报理论与实践,2003（1）:18.

③ 施强,蒋永福.论图书馆知识序化——近期国内相关研究述略［J］.图书馆理论与实践,2006（4）:35-36.

④ 马费成.在数字环境下实现知识的组织和提供［J］.郑州大学学报（哲学社会科学版）,2005（1）:6.

特点，在语义发现上更具有优势。

马翠嫦等以网络环境下图书馆学情报学领域"引文分析"主题语料为数据来源，从概念、属性和关系、实例等方面对细粒度聚合单元本体构建进行逐一探讨，首次提出基于聚合单元知识体系构建细粒度聚合本体的思路与方法，为知识组织系统工具构建提供了参考[①]。卫宇辉以书目数据为基础，根据语篇单元、句群单元、节段单元的属性特征及都柏林核心（DC）元数据、学习对象元数据（LOM），构建了细粒度聚合单元元数据框架，建立了关联关系和语义模型，通过分析聚合单元元数据框架下的书目数据聚合层次及其他书目框架实体之间的关联，实现了书目元数据细粒度与揭示内容的细化、扩展，为细粒度书目资源聚合及检索提供了理论基础[②]。卢艳兰从当前数字图书馆知识体系分类研究入手，引入细粒度知识体系的概念，以细粒度知识体系的原理和重要性构建数字图书馆细粒度知识体系标准，并实现打通馆际知识体系融合的目标[③]。

4.多粒度方面的研究

多粒度知识组织方法主要在于知识组织对象层次的多样性，不以细小的知识单位为中心，而是客观根据信息资源的语义层次，对资源做整体标注和知识组织。多粒度角度的知识组织方法具有综合性、客观性、高难度的特点。

文献信息组织层面的研究重点强调文献中知识信息的客观性，信息组织的对象是文献中的原始信息，不改变文献原有的知识信息结构和内容。左秀英指出开发知识信息单元，就是把相同内容的知识信息从原始文献中分离、筛选出来，并按照一定的体系和方法组织起来[④]。李成龙以科技报告为研究对象，选取了科技报告中以章节为单元的中粒度数据，并对其进行关联数据的创建与发布[⑤]。张锐在分析期刊论文结构特征的基础上，针对其特点设计了一种语义标注方法，将期刊论文划分为粗、中、细三个粒度层次，提出针对不同粒度层

---

① 马翠嫦,曹树金.网络学术文档细粒度聚合本体构建研究［J］.图书情报工作,2019（24）:107.

② 卫宇辉.基于细粒度聚合单元元数据的书目资源聚合研究［J］.国家图书馆学刊,2020（132）:91.

③ 卢艳兰.数字图书馆细粒度知识体系标准研究［J］.图书馆学刊,2016,38（7）:44-47.

④ 左秀英.开发文献知识信息单元的方法和途径［J］.江苏图书馆学报,1995（3）:47.

⑤ 李成龙.科技报告中拉度关联数据的创建与发布研究［D］.武汉:华中师范大学,2014.

次分别进行语义标注①。冯儒佳等从知识多粒度和科技论文多粒度的划分出发，将科技论文划分为包含粗、中、细三种粒度的资源，借助粒度原理对知识组织进行流程设计，探讨在知识组织的全过程中对科技论文进行多粒度知识组织的方法②。丁培以科学文献和科学数据为研究对象，找出了科学文献和科学数据中存在的人员、项目、机构、引用、科学工作流、科学概念6个维度的关联，并对这6个维度进行了粗细粒度的划分③。

1.2.1.3 知识组织方法与技术研究

知识组织方法与技术是知识组织研究的核心。广大学者从20世纪90年代开始，就从不同角度对知识组织方法进行了阐述。根据知识存在形态的不同，知识组织方法可分为客观知识和主观知识的组织方法④；根据知识内部的不同结构特征，可分为知识关联和知识因子的组织方法⑤；依据知识组织的语言学基础，从语法、语义、语用的角度，知识组织方法可以分为知识表示、知识重组、知识聚类、知识存检、知识编辑、知识布局和知识监控⑥。

知识组织技术更多地与具体工作实践相结合。纸质文献时期，知识组织技术包括文献编目、分类主题标引、索引编制等。随着人类对知识利用的不断深化、信息技术、网络技术的不断发展，以及本体构建、语义网、知识图谱等技术的诞生，图书馆更加便于知识聚类、知识关联和知识重组等工作的开展。同时，知识组织技术与知识系统构建紧密结合，推动了知识组织实践研究的发展。

2008年，王兰成等以知识组织技术项目实践的视角，集中介绍了国际上知识组织技术项目实例，包括 DSpace、Haystack、SMILE、BRICKS、

---

① 张锐.面向期刊论文的多粒度语义标注方法研究［D］.武汉：华中师范大学,2015.

② 冯儒佳,王忠义,王艳凤,等.科技论文的多粒度知识组织框架研究［J］.情报科学,2016（12）:46-50,54.

③ 丁培.科学文献与科学数据细粒度语义关联研究［J］.图书馆论坛,2016（7),24-33.

④ 霍国庆.论信息组织［J］.情报资料工作,1997（6）.

⑤ 王知津.文献演化及其级别划分——从知识组织角度进行探讨［J］.图书情报工作,1998（1）.

⑥ 蒋永福,李景正.论知识组织方法［J］.中国图书馆学报,2001（1）:3-7.

Corrib.org，以及当时对元数据、本体、语义网等热点的关注①。2016年，常娥等对元数据、知识本体、主题地图、概念地图、关联数据等多种知识组织方法和技术进行了比较，从粗细粒度的概念表达方式、关联资源与否、解决语言异构与否、是否支持开放获取四个方面进行了研究比对②。2017年，韩燕等从传统知识组织系统转化的角度，研究了本体构建、关联数据等知识组织技术在知识组织系统中的应用、难点和不足③。2020年，赖璨等对我国近十年知识组织技术进展进行了分析，将我国知识组织技术研究进展归纳为传统知识组织改进技术与新兴知识组织技术两大部分：前者包括知识组织自动化技术与用户参与式知识组织技术，后者包括语义网、本体、关联数据、主题图与知识图谱、知识组织系统互操作与可视化技术。赖璨等还对未来知识组织技术研究的前沿方向进行了预测，认为细粒度知识组织技术、大规模语义知识组织技术和视听资源知识组织技术将会成为发展趋势④。

1.2.2 知识组织实践研究

在应用研究方面，很多学者利用各种知识组织技术对文献内容进行深层挖掘，进行各种知识库的实验研究。毕崇武等基于知识元的描述、提取规则，提出基于知识元的数字图书馆多粒度集成知识服务模式⑤。高国伟等通过对知识元之间关系的形式化描述，构造概念、关系与问题三元组结构来表示知识库中知识组织的关系，提出了基于知识元的知识库架构模型⑥。陈雪龙等借鉴本体论思想，从非常规突发事件应急管理客观系统本原的角度出发构建其知识元模型，通过给出知识元属性间关系的隐性描述方法，解决了知识推理的不完备性

① 王兰成,敖毅,曾琼.国外知识组织技术研究的现状、实践与热点[J].中国图书馆学报,2008(2):93-97.

② 常娥,夏婧.多种知识组织方法比较[J].图书馆论坛,2016(8):1-6.

③ 韩燕,何琳.彭爱东.近10年我国传统知识组织系统关联化研究述评[J].图书情报工作,2017(12):135-143.

④ 赖璨,陈雅.我国近十年知识组织技术研究进展分析[J].数字图书馆论坛,2020(12):9-16.

⑤ 毕崇武,王忠义,宋红文.基于知识元的数字图书馆多粒度集成知识服务研究[J].图书情报工作,2017(4):115-122.

⑥ 高国伟,王亚杰,李佳卉.基于知识元的知识库架构模型研究[J].情报科学,2016(3):37-41.

问题①。仲秋雁等通过抽取情景共性要素及要素关系提出情景元模型，在此基础上提出具体领域的基于知识元的情景概念模型，为进一步针对情景进行非常规突发事件的应对提供基础②。蒋玲建立了细粒度知识即知识元的面向学科的描述模型，并在此基础上提出了基于规则的知识元标引方法，开展了知识元标引系统的设计实现与应用研究，实现了细粒度、语义特征的知识元标引③。丁侃通过对古籍方剂知识体、知识元进行结构化定义，对中医古籍中的方剂知识元的表示进行了研究，为知识元的抽取和标引提供了客观依据④。余文婷利用知识元标引的概念与方法，通过知识元界定、抽取、链接等步骤和关键技术对开放科学数据进行标引，最终形成基于知识元的社会科学开放数据标引模型⑤。

知识元与本体的结合成为一种重要的知识组织表达方式，被应用于各类知识库的构建。肖怀志等以《三国志》为例，通过历史年代本体建立的语义关联来聚集相关历史年代知识元，达到聚集同一或相关史实的目的⑥。魏伟等以粤海关贸易相关的历史档案文献和学术型期刊文献为研究对象，引入知识元这一概念，并对相关资料进行知识元揭示，提出了一种基于知识元的文献挖掘模型⑦。许雯等将知识元用于中医古籍整理⑧。夏书剑等通过研究以中医药本体知识库为基础的开放存取资源的知识元数据提取与存储技术，设计了基于开放资

---

① 陈雪龙,董恩超,王延章,等.非常规突发事件应急管理的知识元模型[J].情报杂志,2011（12）:22-26,17.

② 仲秋雁,郭艳敏,王宁,等.基于知识元的非常规突发事件情景模型研究[J].情报科学,2012（1）:115-120.

③ 蒋玲.面向学科的知识元标引关键技术研究[D].武汉:华中师范大学,2011.

④ 丁侃.基于知识元的中医古籍方剂知识表示研究[D].北京:中国中医科学院中国医史文献研究所,2012.

⑤ 余文婷.知识元视角下的社会科学开放数据标引研究[J].图书馆学研究,2015（6）:30,31-36.

⑥ 肖怀志,李明杰.基于本体的历史年代知识元在古籍数字化中的应用——以《三国志》历史年代知识元的抽取、存储和表示为例[J].图书情报知识,2005（3）:28-33.

⑦ 魏伟,郭崇慧,唐琳,等.基于知识元的文献挖掘研究——以粤海关文献资料为例[J].情报科学,2017（6）:138-144.

⑧ 许雯,柳长华.知识元标引在中医古籍临证文献标引中的应用[J].国际中医中药杂志,2015（4）:296-298.

源的中医药本体知识库应用平台^①。

1.3　研究内容

本书采用现代知识组织技术和方法，借鉴国内外已有经验，提出构建以单元信息内容建设为核心，以方法体系为依托，以知识检索服务应用为基础的单元信息组织体系，为面向大数据的单元信息组织和利用提供支撑。面对海量的文献信息，单元信息组织体系实现了从传统图书馆基于文献的组织方法向计算机适应海量文献而基于知识单元处理的方向发展，从资源链接整合转向深入知识内容的整合。具体研究内容包括知识组织系统及相关技术、单元信息基本理论、单元信息组织体系、单元信息组织实证研究和单元信息知识服务平台设计与实现。

1.3.1　知识组织系统及相关技术

知识组织系统及其相关技术首先阐明了知识组织的定义、原理和知识组织方式，并将知识组织系统划分为传统的知识组织系统和语义网环境下知识组织系统。传统的知识组织系统包括分类法和叙词表，语义环境下的知识组织系统包括本体法、主题图、知识地图、语义网络、知识图谱。网络环境和计算机技术的发展促进了知识组织的升级，本书总结了知识组织相关技术，包括传统知识组织系统的转换技术和新型知识组织系统的构建技术，最后介绍了知识组织过程中使用的语义网和自然语言处理相关技术。

1.3.2　单元信息基本理论

单元信息基本理论由单元信息内涵、单元信息模型构建、单元信息抽取和单元信息组织方法组成。单元信息内涵是单元信息理论的基础，包括单元信息的特征、实质、类型。单元信息是指广义知识单元中的"文献片段"，实质是

---

① 夏书剑，秦延斌.以中医药本体知识库为基础的开放存取资源的知识元数据提取与存储技术研究［J］.现代计算机,2012（3）:14-18.

文献中的"知识单元"，即文献中隐含的有价值的观点、方法、数据、论述、结论等片段信息。单元信息的类型可以根据资源类型特征和内容特征两个维度进行划分。单元信息模型构建是单元信息组织的基础，单元信息模型有描述模型和语义模型两种。单元信息抽取是单元信息组织的前提，包括人工抽取和自动抽取两种方式。单元信息组织方法，是基于单元信息模型的融合单元信息资源类型描述和语义关联描述的多维度知识组织方法。

1.3.3 单元信息组织体系

单元信息组织体系是单元信息基本理论的升华，是单元信息组织实践的总体纲领。单元信息组织体系建设包括资源体系建设和方法体系建设。资源体系建设是单元信息组织体系建设的基础，包括文献资源清洗、单元信息遴选、单元信息抽取等；方法体系建设是单元信息组织体系建设的关键内容，包括领域本体和知识图谱构建、关联数据发布等。

1.3.4 单元信息组织实证研究

单元信息组织实证研究选择中医养生作为研究领域。按照单元信息组织体系构建框架和流程，通过资源体系建设、方法体系运用的尝试，系统地验证了单元信息组织体系构建的理论和方法。主要实证内容包括养生领域资源体系建设、养生领域本体构建、养生领域知识图谱构建、养生领域关联数据构建与发布。其中养生领域资源体系建设重点介绍了养生领域不同类型单元信息的自动抽取，方法体系重点介绍了养生领域本体构建，以及知识图谱模式训练模型等关键技术方法。

1.3.5 单元信息知识服务平台设计

单元信息知识服务平台是本书理论研究的实践平台。本节通过对平台设计思想、需求分析及架构设计、功能模块设计与实现的具体介绍，对本书的技术路线进行了验证。在平台系统设计过程中，研究者始终坚持单元信息的细粒度、深层次加工和资源体系多维度关联的原则，构建满足用户多种需求的智慧化知识服务体系。该平台根据系统需求分析设计了包括数据层、业务层和应用层的总体架构，以及包含资源管理、本体构建、知识图谱构建和关联数据功能的四大模块，并通过"高血压养生"文献，演示了平台在单元信息的抽取、标注、检索等方面的强大功能。

1.4　研究方法和技术路线

1.4.1　研究方法

本书采用理论分析与实证研究相结合的方法来进行研究，具体包括：

（1）文献调研法。本书利用搜索引擎及国内外数据库，对与文献信息资源加工以及知识组织相关的专著、论文等资料进行搜集与整理，全面了解关于文献信息资源知识组织的技术方法。

（2）专家访谈法。本书通过对领域专家的咨询进行信息单元的定义和相关知识库的设计。

（3）案例分析法。本书通过对相关研究机构和商业公司开展的文献信息组织的实践案例进行分析研究，获取方法和经验。

（4）实验验证法。本书以养生领域为例，进行单元信息组织的实践。本课题研究者开发一个关于养生主题的原型系统，对系统功能进行测试，检验本书中提出的研究方案的可行性。

1.4.2　技术路线

本书主要以"基础—内容—应用"为路径，由现状研究、加工体系研究、信息需求、案例分析构成研究基础，由主题确定、资源选择、单元信息选取、标引加工构成研究内容，最终开发出单元信息知识服务平台。本书的技术路线如图 1-1 所示。

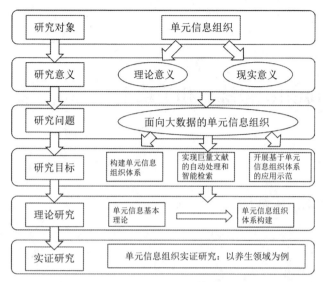

图 1-1　本书研究技术路线

1.5　本章小结

本章主要阐明了本书研究的背景与意义，阐述了大数据的概念及特点，提出大数据对信息组织的影响以及大数据背景下知识组织的变化，在此基础上提出建立面向大数据的单元信息组织体系的意义。

2 知识组织系统及相关技术

2.1 知识组织理论

2.1.1 知识组织定义

美国著名分类学家布利斯（H. E. Bliss）最早于 1929 年提出"知识组织"（Knowledge Organization）的概念[①]。美国图书馆学家谢拉（J. H. Shera）于 1965 年和 1966 年分别出版了《图书馆与知识组织》和《文献与知识组织》两部论著[②]，对图书馆的知识组织表现及作用进行了初步研究。英国情报学家布鲁克斯（B. C. Brookes）和印度学者塞恩（S. K. Sen）分别提出了"认知地图"和"思想基因"观点。早期图书馆界在知识组织思想方面主要关注图书馆图书分类，以及编目、标引等工作[③]。1989年，国际知识组织学会在德国成立，汇聚了来自信息科学、哲学、语言学、计算机科学以及医学等多领域的专家，旨在促进知识组织理论和方法的研究、应用与发展，1993 年国际知识组织学会将其会刊《国际分类法》杂志更名为《知识组织》[④]。

丹麦情报学家约兰德（Birger Hjørland）认为狭义的知识组织是指文献描述、标引、分类工作，而作为一个研究领域，知识组织关注的是知识组织过程以及知识组织工具的发展。他提到多学科的理论基础促进了图书馆知识组织理论的发展，包括传统的分类系统，如《杜威十进分类法》（DDC）、《美国国会

---

① Henry Evelyn Bliss［EB/OL］.［2023-10-19］. https://www.isko.org/cyclo/bliss.
② Jesse Shera［EB/OL］.［2023-10-28］. https://en.wikipedia.org/wiki/Jesse_Shera.
③ 尹鸿博.知识组织理论的发展历程及启示［J］.江西图书馆学刊,2010（3）:4.
④ ISKƟ［EB/OL］.［2023-10-28］.https://www.isko.org/about.html.

图书馆图书分类法》（LCC）和《国际十进制分类法》（UDC）到 1933 年阮冈纳赞提出的"分面分析法"，20 世纪 50 年代建立的信息检索系统到 20 世纪 70 年代开始发挥影响的用户导向和认知观点，以及文献计量方法、领域分析方法、符号学方法等[①]。知识组织的研究随着信息科学、符号科学、认知科学、知识本体、人工智能等相关理论与方法的引入与应用而发展。

20 世纪 90 年代开始，我国图情领域有关知识组织的理论研究不断深入，学者针对知识组织的概念各抒己见。河北大学贾同兴认为知识组织就是完成知识序化的过程，即揭示事物的本质及事物间关系的有序结构[②]。南开大学王知津将其定义为"对知识进行整序和提供"[③]。黑龙江大学蒋永福认为知识组织是指对事物的本质及事物间的关系进行提示，即知识的序化。实际上就是对知识客体所进行的诸如整理、加工、揭示、控制等一系列组织化进程及其方法[④]。武汉大学邱均平则明确提出："知识组织就是在信息获取和信息预处理的基础上，通过知识挖掘，对信息进行精简、提取，发现隐含在信息中的有用知识单元并对其进行集合组织的过程。"[⑤]

综上所述，虽然知识组织没有统一的概念，但实质是对知识的表达及序化。广义上的知识组织是指对知识客体所进行的诸如收集、整理、分类、过滤、加工、提供等一系列组织化过程及其方法，它包括主观知识（隐性知识）的组织和客观知识（显性知识）的组织两方面。狭义上，就图书情报学领域来说，知识组织是对文献分类、编目等文献组织活动的统称或概括，即对客观知识进行整序的活动过程[⑥]。

2.1.2 知识组织原理

知识由众多节点（知识因子）和节点联系（知识关联）这两个要素构成。知识因子是组成知识的基本单位，一个概念、一种事物都可成为知识因子。知

① HJØRLAND B. What is knowledge organization（KO）?［J］.Knowledge Organization，2008，35（3/2），86-101.

② 贾同兴.知识组织的进步［J］.国外情报科学，1996（2）:36.

③ 王知津.知识组织的研究范围及发展策略［J］.中国图书馆学报，1998（4）:8.

④ 蒋永福.论知识组织［J］.图书情报工作，2000（6）:5.

⑤ 邱均平.知识管理学［M］.北京:科学技术文献出版社，2006:343.

⑥ 常艳.基于本体的数字图书馆知识组织构建模式研究［D］.长春:吉林大学，2007:12.

识关联是若干个知识因子间建立起来的特定联系。知识组织的基本原理就是用一定的方法把知识客体中的知识因子和知识关联揭示出来，以便于人们认识、理解和接受①。

从语法学、语义学和语用学层面可以将知识组织的原理概括为知识重组（对知识对象内的知识因子和知识联系进行语法结构上的重新整合，结果生产出新的知识产品）、知识表示（它是将知识对象中的知识因子和知识联系表示出来，便于人们识别和理解）和知识记忆（模拟人脑识记的机理和结构，使知识的重组和表示更接近人脑的认识记忆原理）三个方面②。完整的知识组织过程分为知识获取、知识表示、知识重组和知识存储四个阶段。

2.2　知识组织系统

随着网络信息资源的激增和计算机技术的发展，信息组织经历了从传统文献组织阶段、网络信息组织阶段向知识组织阶段的过渡，知识组织对信息的揭示需求从文献层面上升到知识层面，传统的信息组织方法和工具越来越难以满足知识组织的需求③。大量的计算机技术及自动化技术被应用到知识组织中，传统的文献信息组织方法和工具也与时俱进，向着网络化、自动化和语义化的方法发展，新的知识组织工具也应运而生。各阶段知识组织工具之间既有联系，又有区别，在不同时期服务于不同的应用目的，具有不同应用功能。

在1998年的美国计算机学会（ACM）数字图书馆会议上，"知识组织系统"（Knowledge Organization System, KOS）这个概念第一次被提出④，它的含义是指用来组织信息和知识并推动知识管理的方法、工具或设施发展。此后有很多学者从不同的角度对知识组织系统的内涵和分类进行了阐述。

美国信息专家霍奇（Gail Hodge）认为知识组织系统是知识组织的语义工

---

① 蒋永福.论知识组织[J].图书情报工作,2000(6):7.
② 郭春侠,储节旺.试论知识组织的若干基本问题[J].情报理论与实践,2003(3):206.
③ 张娟,陈人语.关于语义网背景下信息组织方法变化的思考[J].图书馆界,2017(6):15.
④ Encyclopedia of knowledge organization[EB/OL].[2023-10-19].https://www.isko.org/cyclo/kos#3.2.

具，他依据知识组织系统构造和复杂度特征、术语关系的揭示程度及传统功能，将其分为 3 种类型，分别是词汇列表、分类聚类体系和关系词群[①]。其中词汇表强调概念的定义，一般不涉及复杂的语义关系和分类结构，包括权威档（Authority Files）、术语表（Glossaries）、词典（Dictionaries）、地名辞典（Gazetteers）等；分类聚类体系强调概念之间的层级聚合和类别体系，包括标题表（Subject Headings）、文献分类法（Classification Schemes）、知识分类表（Taxonomies）、粗略分类体系（Categorization Schemes）等；关系词群侧重于词汇、概念之间关系的描述，包括叙词表（Thesauri）、语义网络（Semantic Networks）、本体（Ontologies）等[②]。

　　美国肯特州立大学（Kent State University）图书情报学院教授曾蕾从显示概念及其关系结构上的强弱和对自然语言的控制程度两方面将知识组织系统划分为词汇列表模式、分类模式和关系组织模式，其中词汇列表模式包括可选词单（Pick List）、同义词环（Synonym Rings）、规范文档（Authority Files）、字典（Dictionaries）、术语表（Glossaries）、地名词典（Gazetteers），分类模式包括标题表（Subject Headings）、大致分组归类的类表（Categorization Schemes）、系统分类的分类表（Classification Schemes）、知识分类表（Taxonomies），关系组织模式包括叙词表（Thesauri）、概念地图（Concept Maps）、语义网络（Semantic Networks）和知识本体（Ontologies）[③]，如图 2-1 所示。

　　南京理工大学薛春香教授认为术语"知识组织系统"的产生是基于网络环境的大背景，知识组织系统的发展离不开网络环境以及网络环境中发展起来的各种信息技术。单一的信息组织工具越来越难以满足知识组织的需求，需要多种知识组织工具配合使用才能发挥组织的最佳效能。不断出现的新型知识组织工具如语义网络、概念地图、本体等，名称越来越多，而区别越来越不明显。她认为除了霍奇和曾蕾所罗列的各种知识组织系统类型外，知识组织系统还应

　　① 张娟,陈人语.关于语义网背景下信息组织方法变化的思考[J].图书馆界,2017(6):15.

　　② Encyclopedia of knowledge organization[EB/OL].[2023-10-19]. https://www.isko.org/cyclo/kos#3.2.

　　③ Systems of knowledge organization for digital libraries[EB/OL].[2023-10-19]. https://www.clir.org/wp-content/uploads/sites/6/pub91.pdf.

该包括文献计量图（bibliometric maps）、主题图（topic maps）、线上公共目录（webpacs）、大众分类法（folksonomy）等①。

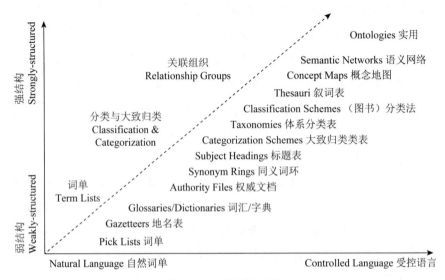

图 2-1　知识组织系统

中国科学技术信息研究所曾文等认为知识组织系统是定义、描述客观物质世界信息及其相互关系的术语和符号系统，它对各种信息资源按照知识的内容和结构进行合理的描述和组织，实现知识的导航、检索以及关联。知识组织系统的类型包括叙词表和主题词表、分类法和主题法、本体、知识图谱四类②。

下面我们将知识组织系统分为传统知识组织系统和语义网环境下的知识组织系统进行具体的介绍。

2.2.1　传统知识组织系统

2.2.1.1　分类法

分类是人类认识事物和区分事物的基本方法，是人类思维的基本形式。分类法是指依据一定的分类体系，根据文献的内容属性和其他特征，对文献分门别类地、系统地组织与揭示的方法。

---

① 薛春香.网络环境中知识组织系统构建与应用研究［M］.南京：东南大学出版社，2009：3，6.

② 曾文，刘敏.信息服务中的知识组织系统及应用研究［J］.图书与情报，2017（3）：52.

分类法依据其原理与结构，可分为体系分类法和组配分类法。体系分类法是以文献内容的学科性质为对象，依据概念划分与概括原理，按照知识门类的逻辑次序层层划分，构成类目层级体系，并以分类号作为标识来表达文献学科内容的一种分类法[①]。组配分类法是主要依据概念的分析与综合原理，将概括文献、信息、事物的主题概念组成"知识大纲—分面—亚面—类目"的结构，按照一定的组配规则，通过各个分面类目之间的组配来表达文献主题的一种分类法。

分类法是目前应用最广泛的文献资源组织工具，诞生于1876年的《杜威十进分类法》（DDC）是世界上第一部正式出版的分类词表，与《美国国会图书馆分类法》《国际十进分类法》均为体系分类法的代表。《冒号分类法》《布立斯书目分类法》等则是分面组配分类法的代表。《中国图书馆分类法》是新中国成立后编制出版的一部具有代表性的大型综合性分类法，是当今国内图书馆使用最广泛的分类法体系。

2.2.1.2 叙词表

叙词表也叫主题词表，基本构成要素包括词汇和关系。词汇表达概念，语义相同的不同词汇指向同一个概念，概念之间建立等级关系和相关关系，概念和关系构成知识网络[②]。叙词表是知识组织中常用的工具，是用来概括专业学科领域术语并不断扩充的规范化词表，是编制主题标引和文献信息检索系统的主要依据。

我国从20世纪70年代开始了叙词表的相关研究，先后编制了百余部叙词表，在各行业的信息组织中发挥重要作用。最具代表性的是《汉语主题词表》和《中国分类主题词表》两部，它们收词量大、覆盖面广、易用性强，被国内文献保障单位广泛使用。叙词表在语义推理、知识挖掘、智能检索、机器翻译、可视化等领域具有重要作用[③]。

---

① 钱智勇,徐晨飞.楚辞文献语义知识组织研究[M].南京:南京大学出版社,2020:17.

② 吴雯娜.我国叙词表的编制历史与发展模式[J].情报理论与实践,2018(6):39.

③ 曾继城,岳泉,徐绘敏,等.国内叙词表研究历程、热点与前沿[J].农业图书情报学刊,2017(2):83.

2.2.2 语义网环境下的知识组织系统

语义网与关联数据带来了信息组织对象的新变化，数据的庞大以及数据间网状的语义关系，让信息组织工作者开始利用新的技术手段和方法，对知识、信息进行更科学的组织。

2.2.2.1 本体

本体的概念源于哲学领域，20世纪90年代中期以来，人类将本体概念引入人工智能、知识工程和图书情报领域。美国斯坦福大学知识系统实验室的Gruber在1993年提出本体的定义[①]，即本体是概念体系的规范[②]。本体是一种全新的知识组织体系，是领域知识规范的抽象和描述。本体由概念、实例、关系、函数、公理五个部分组成，可以构造丰富的概念间的语义关系，能够准确描述概念含义以及概念之间的内在关联；而且形式化能力强，同时具有高度的知识推理能力，能够通过逻辑推理获取概念之间的蕴含关系[③]。

本体的目标是捕获相关领域的知识，提供对该领域知识的共同理解，确定该领域内共同认可的词汇，并从不同层次的形式化模式上给出这些词汇（术语）和词汇间相互关系的明确定义[④]。

根据领域依赖程度，可以将本体分为顶级本体、领域本体、任务本体和应用本体四类，其中领域本体是特定领域中概念与概念之间的关系，比如特定学科领域的。本体创建是从某个领域中抽取知识，形成描述该领域的语义概念、实例和其间的关系。一个本体中必须包含一系列概念、定义、相互关系以及推理规则。

2.2.2.2 主题图

主题图是由W3C提出的基于元数据的信息资源描述工具，通过XML Topic Maps等语法来实现类似于传统图书索引及数据关联的功能。

主题图从内容的语义角度对网络文档或文档的各个部分进行描述和分类，

---

① GUBER T. A translation approach to portable ontologies[J]. Knowledge Acquisition,1993, 5(2):199.

② 司莉.信息组织原理与方法[M].武汉:武汉大学出版社,2011:268.

③ 胡兆芹.本体与知识组织[M].北京:中国文史出版社,2013:16.

④ 周宁.信息组织[M].武汉:武汉大学出版社,2017:106.

也就是文档实际论述的主题或主题范围。主题图用作分类体系，是对由网络对象和非网络对象组成的信息空间进行描述、分类和标引的方法①。它吸收了传统的知识组织方法的思想并有所发展，如吸收了索引的款目、参照系统、出处的基本概念，将其应用在数字信息组织上；吸收了叙词表在词汇控制方面的思想并提供对概念之间的关系进行灵活定义的功能，将分类表中分类的思想用在主题的类型划分上，利用出处机制将语义结构与信息资源连接起来②。

主题图有三个基本要素，分别是主题（topic）、资源实体（occurrence）和关联（association）。其中，"主题"可以是表示任何事物对象的名词，"关联"代表两个或者多个主题之间的关系。一个主题可能和一个或多个信息资源相关联，这些信息资源就是主题图中的资源实体，也有学者称之为"资源出处"或者"资源指引"。

主题图是用信息资源层和主题地图层的两层信息结构来表示一个完整的知识体系，主题地图层由各主题之间的关联构成，信息资源层包含各种信息资源，例如文章、视频、网页等，下层的资源实体与上层主题地图层中的主题相联系③。抽象的主题地图层与具体的信息资源实体之间的关联通过内部链接与外部链接机制实现④。

2.2.2.3 知识地图

1980 年英国情报学家布鲁克斯（Bertram Claude Brookes）提出"knowledge map"的构想⑤，1983 年，武汉大学马费成教授在文章《布鲁克斯情报学理论研究》中将其翻译为"知识地图"⑥。布鲁克斯认为人类的客观知识结构可绘制成以各个单元概念为节点的学科认知地图，通过认知地图来揭示知识的有机结构，

---

① DOCONTA M C，OBRST L J，SMITH K T. 语义网 XML、Web 服务和知识管理的未来［M］.北京：中国科学技术出版社，2009：114.

② 马建霞.主题图技术在数字化知识组织中的应用研究［J］.现代图书情报技术，2004（7）：12.

③ 施旖，熊回香，陆颖颖.基于主题图的非物质文化遗产数字资源整合实证分析［J］.图书情报工作，2018（7）：105.

④ 陈进.传记资源组织与建设［M］.桂林：广西师范大学出版社，2015：120.

⑤ BROOKES B C. Measurement in information science：objective and subjective metrical space［J］. Journal of the American Society for Information Science，1980（31）：254.

⑥ 杨萌，张云中.知识地图、科学知识图谱和谷歌知识图谱的分歧和交互［J］.情报理论与实践，2017（5）：122.

是情报学知识组织的理想结构。随着计算机技术的发展，知识处理和知识表达技术的进步，知识地图得以绘制，并广泛应用于知识管理、知识服务等多领域。

知识地图通过可视化技术展示知识节点以及节点之间的关联关系，它的构建涉及知识资源的分类、聚类，知识的挖掘、链接、检索和可视化等方面的技术。知识地图的概念没有统一的定义，根据选取角度的不同形成了几种不同的定义，包括知识管理工具说、知识导航系统说、知识分布图说以及关系说等[①]。

知识地图的主要任务是指引知识需求者获取特定组织机构内的显性及隐性知识，目的是找到解决特定问题的答案。知识地图的组成要素是节点、节点之间的关系和可视化表示。知识地图的数据来源是特定企业或组织中的所有显性知识和隐性知识，在展示知识关联的手段上，显性知识关联多用索引、流程等关联，隐性知识关联多以专家的社会网络关联。

2.2.2.4　语义网络

语义网络（Semantic Network）是美国心理学家奎廉（M. R. Quillian）于1966年在研究人类联想记忆时提出的心理学模型[②]，用于构建概念之间的联系。1972年，美国人工智能专家西蒙（R. F. Simmons）和思乐康（J. Slocum）将语义网络用于自然语言理解任务[③]。1977年，美国人工智能学者亨德里克斯（G. Hendrix）提出分块语义网络的思想，将复杂问题分解为若干子问题，每一个子问题用一个语义网络表示，这样可以进行自然语言理解中的复杂的推理，将自然语言理解的研究向前推进了一大步[④]。20世纪80—90年代，语义网络的研究重点由知识表示转向具有严格逻辑的语义推理，包括术语逻辑、描述逻辑等。到21世纪，语义网络有了信息的应用场景，即语义网（Semantic Web）。目前，语义网络广泛应用于信息技术领域，如文本挖掘、自然语言处理、信息检索、视频图像处理等[⑤]。

---

① 李迎迎.基于知识地图的馆藏文物信息资源组织研究［D］.武汉:华中师范大学,2017:28.

② QUILLIAN M R. Semantic memory［M］. Cambridge（U. S.）:Air Force Cambridge Research Laboratories，Office of Aerospace Research，United States Air Force,1966:13.

③ 蔡圆媛.大数据环境下基于知识整合的语义计算技术与应用［M］.北京:北京理工大学出版社,2018:3.

④ 冯志伟.自然语言计算机形式分析的理论与方法［M］.合肥:中国科学技术大学出版社,2017:423.

⑤ 谭荧,张进,夏立新.语义网络发展历程与现状研究［J］.图书情报知识,2019（6）:107.

语义网络是知识的一种图解表示，是由节点和弧线组成的有向图，其中节点表示实体、概念和情况等，弧线表示节点之间的关系。节点之间的关系不仅包括一般的上下位层级关系、相关关系，还包括更加专指的关系，如 IS-A（"具体抽象"关系）、PART-OF（"整体构件"关系）、IS（一个节点是另一个节点的属性）、HAVE（"占有、具有"关系）、LOCATED-ON（事物间的位置关系）等。语义网络是知识表示领域最著名的模型之一，通过自定义节点和关系类型来表达和存储自然语言，在人类可理解性和存储与推理的效率之间取得平衡[①]。

2.2.2.5 知识图谱

2012 年，谷歌正式发布了基于知识图谱的搜索引擎产品[②]。随后，知识图谱逐渐在语义搜索、智能问答、辅助语言理解、辅助大数据分析、增强机器学习的可解释性、结合图卷积辅助图像分类等多个领域发挥出越来越重要的作用[③]。

知识图谱是一种具有有向图结构的语义网络的知识库[④]。知识图谱由节点和边组成，其中节点代表实体或者抽象的概念，边代表实体的属性或者是实体之间的关系。知识图谱的逻辑结构分为数据层和模式层两个层次，其中数据层存储真实的数据，而模式层是知识图谱的核心，通常采用本体库来管理，借助本体库对公理、规则和约束条件的支持能力来规范实体、关系以及实体的类型和属性等对象之间的联系。

知识图谱的构建方式主要有自顶向下和自底向上两种。自顶而下的构建方式适用于特定行业内有固定的知识体系或者经行业专家梳理后可定义模式的数据，先为知识图谱定义数据模式，然后再将实体添加到概念中。自底向上的构建方式适用于没有完整知识体系的数据，先从一些开放链接数据中抽取实体和概念，再逐步向上构建顶层的本体模式。

---

① 谭荧,张进,夏立新.语义网络发展历程与现状研究[J].图书情报知识,2019(6):102.

② Introducing the knowledge graph[EB/OL].[2023-10-23]. https://blog.google/products/search/introducing-knowledge-graph-things-not/.

③ 王昊奋,漆桂林.知识图谱:方法、技术与应用[M].北京:电子工业出版社,2019:2.

④ 漆桂林,高桓,吴天星.知识图谱研究进展[J].情报工程,2017,3(1):5.

2.3 知识组织技术

网络环境和计算机技术的发展促进传统知识组织系统的升级，也衍生了新的知识组织系统。

2.3.1 传统知识组织系统的转换

随着人类信息活动由纸质环境向电子环境转移，传统知识组织系统的数字化、网络化势在必行，互联网时代也需要相应的工具来辅助进行信息资源的组织和检索。

2.3.1.1 叙词表自动构建

传统知识组织系统的局限性，使其无法满足网络环境下知识组织的需求。因此，传统知识组织系统应在内容、结构等方面进行改造，创建可应用于网络数字环境，并支持网络资源知识组织和智能检索的网络知识组织系统。

叙词表的自动构建是要从自由文本中挖掘词和词间关系，研究重点在于通过自动建立词间关联，实现词汇聚类以及词间关系的自动识别。词表自动构建方法包括基于同现分析的词表自动构建方法、概念空间方法和贝叶斯网络方法。另外还有基于互操作的词表自动构建方法、利用网络链接结构特征构建叙词表、通过语法分析自动构建词表、利用用户检索策略构建词表等[1]。

2005 年北京大学王军教授提出了一种用来实现基于已标引语料库的自动编目和元数据自动生成的方法，这种方法是基于统计的、从元数据的标题中抽取关键词并定位在词表中，定位的依据是抽取出的关键词所对应的标引词集的收敛性质，标引词是用于标引文献主题的、来自词表的受控词汇，即主题词[2]。2020 年武汉大学王晓光教授等人采用计算机辅助的自顶向下与自底向上

① 李育嫦.传统知识组织系统的重构及其在网络环境下的应用[J].情报杂志,2011（7）:115.

② 王军.词表的自动丰富——从元数据中提取关键词及其定位[J].中文信息学报,2005（6）:42.

相结合的方法构建敦煌壁画叙词表[①]。在叙词表结构设计时，首先由专家分析人文领域叙词表与敦煌学相关词典，进而设计叙词表结构，确定叙词表的初步框架；然后从语料库中进行机器分词和新词发现，经过多人协作的主题词归类和领域专家的校对与审核，自底向上地扩充词表术语，同时不断调整优化词表结构，实现叙词表的迭代扩展与完善。

2.3.1.2 受控词表语义化描述

早期的叙词表数字格式主要用于在线浏览，随着语义网及其技术的发展，人们开始采用语义网描述语言对叙词表进行语义化表示，以满足对叙词表进行交互应用的需求。

万维网联盟（W3C）发布了专门用于对叙词表、分类法等知识组织系统进行语义化描述的简单知识组织系统（Simple Knowledge Organisation System，SKOS），并于 2009 年 8 月将其定为正式标准[②]。SKOS 是采用 RDFS 和 OWL 建模语言定义的一套词汇，能够对词表的结构、内容和映射关系进行描述，可用于表示除本体以外的几乎所有其他受控词表，是一种适用于网络环境下词表应用的新的表达格式[③]。

SKOS 包括三个主要部分：SKOS Core，可以用于表示除 Ontology 外的几乎所有其他 NKOS；SKOS Mapping，用于概念框架之间的映射；SKOS Extensions，用于辅助 SKOS 的特定应用。SKOS 中的词汇主要由 RDFS 词汇定义。SKOS 是 RDF 面向概念框架表示这个特定领域的应用[④]。

国内外图书情报机构对一系列知识组织系统的 SKOS 描述转化开展了研究和实践，如医学主题词表（MeSH）、美国国会图书馆标题表（LCSH）、联合国粮食及农业组织（FAO）多语种农业叙词表（AGROVOC）[⑤]、《杜威十进分类法》（DDC）均以 SKOS 格式发布。2012 年，中国农科院鲜国建等人利用 SKOS 对《中文农业科学叙词表》（Chinese Agricultural Thesaurus，CAT）中的

① 王晓光,侯西龙,程航航,等.敦煌壁画叙词表构建与关联数据发布[J].中国图书馆学报,2020(7):71.

② From chaos，order:SKOS recommendation helps organize knowledge[EB/OL].[2023-10-23].https://www.w3.org/2004/02/skos/.

③ 欧石燕.中文叙词表的语义化转换[J].图书情报工作,2015(8):110.

④ 王一丁,王军.网络知识组织系统表示语言:SKOS[J].大学图书馆学报,2007(4):32.

⑤ AGROVOC-Format[EB/OL].[2023-10-23].https://www.fao.org/agrovoc/format.

语义关系进行了描述，并成功转化为 CAT/SKOS[①]。2014 年，国家图书馆刘华梅提供了《中国分类主题词表》主题词从 MARC 格式转换为 SKOS 格式的转换方案[②]。2019 年，上海昌华信息技术有限公司陈青云等人将传统知识组织系统《机械工程叙词表》的数据进行重构、清洗和本体设计，转换为 SKOS 结构存储在图数据库 Neo4j[③]。

2.3.1.3 传统知识组织系统的关联数据化

2006 年，万维网的发明人蒂姆·伯纳斯－李（Tim Berners-Lee）提出"关联数据"的概念[④]，关联数据是一种数据发布方式，是轻量级的语义网实现方式。关联数据是把 URI 作为数据标识来命名数据实体、发布和部署类数据和实例数据，以资源描述框架 RDF 的三元组结构作为数据模型，并通过 HTTP 协议揭示并获取这些数据，同时强调数据的相互关联[⑤]。

关联数据的概念提出后在图书馆界引起广泛的研究和实践，很多图书馆组织以关联数据的方式发布受控词表、规范文档、书目数据等知识组织工具。美国国会图书馆将美国国会图书馆标题表（LCSH）进行关联数据发布[⑥]，联合国粮食及农业组织（Food and Agriculture Organization of the United Nations，FAO）把 AGROVOC 多语种叙词表作为关联开放数据集发布[⑦]。我国图书情报机构也对各类词表进行了关联数据发布，如上海图书馆通过开放数据平台，以关联数据的方式发布了上海图书馆数字人文项目中所用的技术知识库、文献知识库、本体词表以及多种工具、论文、课件等研究资料[⑧]。中国农业科学院鲜

---

① 鲜国建,赵瑞雪,朱亮,等.农业科学叙词表的SKOS转化及其应用研究［J］.现代图书情报技术,2012（10）:16.

② 刘华梅.《中国分类主题词表》主题词SKOS化描述及自动转换研究［J］.图书馆建设,2014（8）:29-32.

③ 陈青云,曹建飞,陈荣祯.从叙词表到知识图谱的构建研究与实践［J］.农业图书情报,2019,31（1）:44.

④ Linked Data［EB/OL］.［2023-10-18］. https://www.w3.org/DesignIssues/LinkedData.html.

⑤ 刘炜.关联数据:概念、技术及应用展望［J］.大学图书馆学报,2011（2）:6.

⑥ Library of Congress Subject Headings［EB/OL］.［2023-10-20］. https://id.loc.gov/authorities/subjects.html.

⑦ AGROVOC（fao.org）［EB/OL］.［2023-10-20］. https://www.fao.org/agrovoc/index.php/linked-data.

⑧ 上海图书馆开放数据平台［EB/OL］.［2023-10-20］. https://data.library.sh.cn/index.

国建等研究人员将《农业科学叙词表》（CAT）中的叙词及词间关系进行规范表达和关联描述，并基于开源工具构建了 CAT 关联数据发布系统[①]。

中国人民大学贾君枝等将传统知识组织系统关联化步骤分为三步：第一步为 SKOS 模型化，利用 SKOS 提供的一整套概念体系，包括概念、语义关系描述、注释、映射关系等标签，表示传统知识组织系统中的语义元素和概念体系；第二步为 RDF 关联化，包含 URI 命名、关联数据链接和 RDF 表示，即先给传统知识组织系统中每个概念进行唯一 URI 表示，用 RDF 语言来描述实体间关系；第三步为关联数据发布，包含外部关联、建立 SPARQL 查询，注册有关平台[②]。

2.3.1.4　知识组织系统互操作

知识组织系统互操作是为了解决知识组织系统应用中面临的异构、跨领域和多语言问题。其中知识组织系统的异构包括句法异构、术语异构、概念异构等不同层次。中国科学院文献情报中心宋文研究员认为知识组织体系互操作的标准规范涉及两个层次：一个是句法表示层，如 W3C 制定的 RDFS、OWL、SKOS；另一个是内容层，包括 ISO/TC/46 制定的《叙词表及与其他词汇的互操作》，IFLA 制定的《单语言叙词表建设》等[③]。知识组织体系互操作的技术方法包括重用现有的知识组织体系、两个组织体系之间的映射、知识组织体系桥、合并现有的知识组织体系、两个知识组织体系的协调或对齐。

肇庆学院图书馆李育嫦总结知识组织系统的互操作方法和技术包括演化 /建模（derivation / modeling）、翻译 / 改编（translation / adaptation）、映射、链接（linking）、中心转换（switching）这几种方式，其中映射是实现互操作的主要方式[④]。国际著名的分类表和主题词表都实现了相互之间的映射，如美国国会图书馆分类法（LCC）与杜威十进分类法（DDC）的映射[⑤]，DDC 与美

---

① 鲜国建,赵瑞雪,寇远涛,等.农业科学叙词表关联数据构建研究与实践[J].现代图书情报技术,2013(11):8.

② 贾君枝,李衍.传统知识组织系统的关联数据化发展[J].数字图书馆论坛,2020(3):35.

③ 宋文.知识组织体系语义互操作研究[J].图书馆论坛,2012,32(6):118,119.

④ 李育嫦.传统知识组织系统的重构及其在网络环境下的应用[J].情报杂志,2011(7):117.

⑤ Mapping Library of Congress Numbers to Dewey Decimal Numbers[EB/OL].[2023-10-23].https://guide.unwsp.edu/c.php?g=57327&p=367924.

国国会图书馆主题词表（LCSH）之间的映射①。知识组织系统的翻译或改编使得知识组织系统向着多语言方向发展，如 DDC 已被翻译成 30 多种语言②，AGROVOC 已经被翻译成 42 种语言③，中国医学科学院将 MeSH 翻译为中文并建立了中文医学主题词表检索系统④。

另外还有集成知识组织系统，它可以集成多领域的术语表、叙词表、分类表等知识组织系统，通过自动语义计算机和专家介入，采用映射、关联、合并等方法，将各种来源的知识组织系统集成为一个包含各领域词表、科技术语库、规范概念集和范畴体系的集成知识组织系统。例如由国家科技图书文献中心（National Science and Technology Library，NSTL）牵头建立的 STKOS 词表涉及理工农医多个领域，收集了 1000 多万条科技词汇素材、500 多万条科技术语，以及 80 多万条科技概念的规范名称。NSTL 在 STKOS 词表建立过程中，利用 STKOS 超级科技词表网络协同工作平台进行了大规模异质异构知识组织系统在句法、术语、概念 3 个层面进行语义互操作和质量控制的工程化应用探索⑤。

2.3.1.5 传统知识组织系统可视化

通过可视化技术，传统的知识组织系统可以通过图像的形式来更加直观、全面、动态地展示词间关系。南通大学图书馆钱智勇等认为，知识结构地图是知识组织可视化的重要工具，知识结构地图可视化的方法包括：概念空间中知识结构可视化、从概念空间中提取和学习到的知识结构可视化、通过视觉隐喻实现的可视化知识结构等。利用这些可视化方法将与知识结构共同的一些特征（如知识的关联、表征、组织与获取等）相互关联起来，形成文献知识的网

① Mapping new LCSH with DDC numbers［EB/OL］.［2023-10-23］. https://www.oclc.org/en/dewey/updates/numbers.html.

② Introduction to the Dewey Decimal Classification［EB/OL］.［2023-10-23］. https://www.oclc.org/content/dam/oclc/dewey/versions/print/intro.pdf.

③ AGROVOC［EB/OL］.［2023-10-23］. https://www.fao.org/agrovoc/about.

④ 中文医学主题词表（CMeSH）［EB/OL］.［2023-10-23］. https://www.imicams.ac.cn/publish/default/yxzsszzyjs1/.

⑤ 孙海霞,李军莲,华薇娜,等.科技知识组织体系语义互操作网络协同工作平台设计与实现［J］.农业图书情报,2019,31（1）:23-34.

状结构①。中国科技信息研究所张运良研究员等总结了 Web 前端可视化技术包括 Java Script、Flash、Java Applet、Silverlight 等，并将 D3.js 类库应用于知识组织系统动态交互的 Web 可视化，同时使用力定向布局功能实现节点合理分布②。南京大学赖璨等总结知识组织系统可视化的常用方法包括缩进树、节点树、可缩放展示、焦点加上下文和 3D 展示等，但图形可视化展现的是概念之间的关系，缺少对概念语义的展示③。

2.3.2　新型知识组织系统的构建技术

2.3.2.1　本体构建技术

目前的本体构建方法主要面向三类信息源，包括结构化、半结构化以及非结构化的信息源。结构化的信息源主要包括词表和关系数据库；半结构化信息源主要指的是 XML、HTML 网页等具有一定的结构性，但缺乏固定或严格结构的信息源；面向非结构化信息源的本体构建方法主要是基于自然语言处理技术④。

本体的构建方法根据自动化程度的不同可以分为手工、半自动和自动构建三种情况⑤。其中手工构建的方法主要依赖领域专家，由领域专家来确定知识的内容以及知识间的关系，手工构建的本体在质量上有可靠的保证。半自动构建本体是在人工操作的基础上，在不同的阶段通过机器辅助来共同完成，比如机器辅助提取概念、确立概念间关系等，半自动本体构建方法的内容质量还是由人工来把握的。自动构建方式指概念及关系等内容的获取完全由计算机自动实现，但是目前自动构建本体的实际方法很少，构建思路主要是自顶向下、自底向上和中间扩展三种。

传统的领域本体的构建方法主要有骨架法、TOVE 法、METHONTOLOGY 法、IDEF 法、SENsus 法、KAcTus 工程法、七步法等综合性方法⑥。其中最著

①　钱智勇,徐晨飞.楚辞文献语义知识组织研究［M］.南京:南京大学出版社,2020:52.

②　张运良,张兆锋,张晓丹,等.使用 D3.js 的知识组织系统 Web 动态交互可视化功能实现［J］.现代图书情报技术,2013（Z1）:127-128.

③　赖璨,陈雅.我国近十年知识组织技术研究进展分析［J］.数字图书馆论坛,2020（12）:13.

④　郑姝雅,黄奇,张戈,等.面向用户生成内容的本体构建方法［J］.情报科学,2019（11）:44.

⑤　马旭明,王海荣.本体构建方法与应用［J］.信息与电脑,2018（5）:34.

⑥　刘柏嵩.中文领域本体自动构建理论与应用研究［M］.杭州:浙江大学出版社,2014:8.

名的是由美国斯坦福大学医学院提出的七步法①，当前很多领域本体都采用七步法来构建。七步法的构建步骤如下：（1）确定所构建领域本体的应用范围；（2）考虑现有领域本体的复用；（3）本体中的重要术语列表；（4）定义（概念）类和类的层级结构；（5）定义类的属性和约束条件；（6）定义属性的分面；（7）创建类的实例。

半自动化构建及自动化构建领域本体的有效途径是利用机器学习、统计等技术或方法从现有知识源（如文本、词典、知识库或数据库等）获取领域知识，以自动或半自动方式来构建本体。根据知识的来源，可以进一步分为基于文本、基于词典的和基于半结构化数据的构建方法②。

领域本体的构建工具有很多，用于手工构建的工具主要包括 Protégé、Web Onto、Ontolingua、Ontoedit、Ontosaurus 等编辑工具；用于（半）自动化构建的工具有 Hasti、Text20nto、OntoBuilder、OntoLearn、OntoLiFT 和 GOLF 等。

2.3.2.2　关联数据技术

2006 年 W3C 发布关联数据（linked data）的概念，倡议通过统一资源标识符（Uniform Resource Identifier，URI）与 HTTP 协议调取数据，来推动万维网中资源之间的互联。关联数据的发明人蒂姆·伯纳斯 - 李为关联数据总结了四个原则：（1）使用 URI 命名事物。（2）使用 HTTP URI，使任何人都可以参引（dereference）这一全局唯一的名称。（3）当有人访问名称时，以 RDF 形式提供有用的信息。创建一个用于命名事物的 URI 时，应让它指向现有的 Web 资源或者用户自己构建的资源。（4）尽可能提供链接，指向其他的 URI，以使人们发现更多的相关信息③④。

关联数据技术是轻量级的语义网实现方式，它使得海量异构数据资源的形式化、语义化、关联化及共享化成为可能。近年来，国内外图书情报机构针对书目数据、叙词表等的语义化表示和关联数据发布开展了许多研究和实践。采

---

① Ontology development 101：a guide to creating your first ontology［EB/OL］.［2023-10-18］. https://protege.stanford.edu/publications/ontology_development/ontology101-noy-mcguinness.html

② 支丽平.基于多 Agent 的大规模中文领域本体的自动化构建方法与应用研究［M］.北京：科学技术文献出版社,2017：17.

③ Linked data［EB/OL］.［2023-10-18］. https://www.w3.org/DesignIssues/LinkedData.html.

④ 刘炜.关联数据：概念、技术及应用展望［J］.大学图书馆学报,2011（2）：6.

用关联数据在网上发布词表等知识组织工具，并与外部开放数据集建立关联关系，使其成为关联开放数据的一部分，是目前知识组织系统的发展方向。

上海图书馆夏翠娟等将关联书目数据发布流程总结为四个步骤，分别是数据建模、数据清洗、数据转换和数据发布[①]。数据建模是 MARC 数据转换为 RDF 数据的基础，为 RDF 数据定义主体所对应的类、谓词所对应的属性、客体的取值约束，并用形式化的术语词表规范表达，形成书目本体。数据建模包括模型设计、词表设计和映射设计三部分。数据清洗是为书目数据中的字符串转换为实体对象做准备，根据映射设计将 CNMARC 中的字段映射到书目本体的类和属性。数据转换是生成规范数据、取值词、书目实体等实体对象并赋予 HTTP URL，根据书目本体的定义和 CNMARC 数据的情况对每个实体的属性进行赋值，并以 RDF 序列化格式编码，同时在各类实体间建立起关联关系的过程。数据发布主要解决的是 RDF 数据存储和发布，在 Web 上提供检索、展示、统计等面向用户的服务和面向机器的开放数据服务。

武汉大学王晓光等将敦煌壁画叙词表发布为关联数据，其流程为：首先，建立敦煌壁画叙词表本体模型，用以规范叙词表的语义化描述；其次，按照叙词表本体模型对叙词表进行语义化转换，并对转换后的数据质量进行检验；然后，通过 SPARQL 查询的方式与 AAT 进行概念关联匹配；最后，使用三元组数据库进行叙词表关联数据的存储与管理，完成叙词表关联数据发布，提供对外开放服务[②]。

上海图书馆夏翠娟等基于关联数据的四原则来组织和发布家谱数据，利用关联数据将散落在不同家谱文献中的人、地、时、事关联起来，形成完整的知识图，用可视化的方式展示。例如将家谱元数据中记载的迁徙事件根据知识本体定义的数据结构，提取其中的人、地、时等实体，以 RDF 数据格式描述，将人、地、时串联成一个个的迁徙事件，可以将具有共同先祖的先祖名人及其迁徙事件关联起来[③]。

① 夏翠娟,张磊.中文关联书目数据发布方案研究[J].数字图书馆论坛,2018(1):10.

② 王晓光,侯西龙,程航航,等.敦煌壁画叙词表构建与关联数据发布[J].中国图书馆学报, 2020(7):76.

③ 夏翠娟,张磊.关联数据在家谱数字人文服务中的应用[J].图书馆杂志,2016(10):31.

2.3.2.3　知识图谱构建技术

知识图谱从无到有的构建过程可分为六个阶段，被称为知识图谱的生命周期[①]。

第一阶段为知识建模。知识建模是建立知识图谱概念模式的过程，通常采用两种方式：一种是自顶向下（top-down）的方法，即首先为知识图谱定义数据模式，数据模式从最顶层概念构建，逐步向下细化，形成结构良好的分类学层次，然后再将实体添加到概念中；另一种则是自底向上（bottom-up）的方法，即首先对实体进行归纳组织，形成底层概念，然后逐步往上抽象，形成上层概念。

第二阶段为知识存储。知识图谱的知识包括基本属性知识、关联知识、事件知识、时序知识、资源类知识等。目前，主流的知识存储解决方案包括单一式存储和混合式存储两种。知识存储介质包括原生（Neo4j、AllegroGraph 等）和基于现有数据库（MySQL、Mongo 等）两类。

第三阶段为知识抽取。知识抽取是指从不同来源、不同数据中进行知识提取，形成知识并存入知识图谱的过程。现有数据源中的数据主要是三类：结构化的数据、半结构化数据和非结构化数据。针对结构化数据的抽取方法包括直接映射或者映射规则定义等，针对半结构化数据通常采用包装器的方式对网站进行解析，非结构化数据抽取难度最大。

第四阶段为知识融合。知识融合是指将不同来源的知识进行对齐、合并的工作，形成全局统一的知识标识和关联。知识图谱中的知识融合包含两个方面，即数据模式层的融合和数据层的融合。数据模式层的融合包含概念合并、概念上下位关系合并以及概念的属性定义合并，通常依靠专家人工构建或从可靠的结构化数据中映射生成。数据层的融合包括实体合并、实体属性融合以及冲突检测与解决。

第五阶段为知识计算。知识计算是领域知识图谱能力输出的主要方式，最具代表性的是图谱挖掘计算和知识推理。其中，知识图谱的挖掘计算与分析指基于图论的相关算法，辅助传统的推荐、搜索类应用；知识推理分为基于本体的推理和基于规则的推理。

---

① 王昊奋,漆桂林.知识图谱:方法、技术与应用[M].北京:电子工业出版社,2019:421.

第六阶段为知识应用。知识应用是指将知识图谱特有的应用形态与领域数据和业务场景相结合，助力领域业务转型。知识图谱的典型应用包括语义搜索、智能问答以及可视化决策支持。

2.3.3 语义网技术

语义网技术体系是以 RDF 为基石的。使用 RDF 数据的 Web 应用系统都可以看作语义网应用系统。与通常的 Web 应用相比，语义网应用通常具备数据集成与推理的能力，从而体现出某种程度的智能化。

2.3.3.1 RDF 数据存储技术

随着 RDF 数据量逐渐增大，对于如何存储 RDF 数据并且快速响应多样化的 SPARQL 查询提出了挑战。RDF 数据存储技术发展迅速，已经形成了多种不同的技术路线，其中一种是复用现有的关系型数据库管理系统，将 RDF 数据采用合适的模式存储在关系型数据库中，并建立 SPARQL 查询和 SQL 查询之间的映射机制[①]。

除了关系型数据库外，新型的 NoSQL（not only SQL）数据库技术也逐渐成熟，NoSQL 数据库泛指关系型数据库以外的各种类型的数据库，包括图数据库、文档数据库、列数据库等。典型的开源图数据库是 Neo4j。Neo4j 是一种开源的高性能的 NoSQL 图形数据库，它将结构化数据存储在网络上形成图谱而不是存储在表中，采用原生图进行数据存储、检索和处理，提供最优化的关系遍历执行效率。Neo4j 图数据库主要包括节点、属性、关系、标签和数据浏览器这几个构建元素，支持丰富的数据语义描述。

另外还有专门用于存储 RDF 数据的三元组数据库，中国农业科学院李悦等总结了全球范围内排名靠前的 6 种三元组存储数据，分别是 MarkLogic、Apache Jena、Virtuoso、GraphDB、Blazegraph、RDF4J[②]。

2.3.3.2 知识融合

大数据环境下数据的特色是多源异构，而知识融合是解决数据多源异构的有效途径。知识融合是面向知识服务和决策问题，以多源异构数据为基础，在

---

① 瞿裕忠,胡伟,程龚.语义网技术体系[M].北京:科学出版社,2014:95.

② 李悦,孙坦,赵瑞雪,等.大规模RDF三元组转换及存储工具比较研究[J].数字图书馆论坛,2020(11):7.

本体库和规则库的支持下，通过知识抽取和转换获得隐藏在数据资源中的知识因子及其关联关系，在语义层次上组织、推理、创造出新知识的过程，并且这个过程需要根据数据源的变化和用户反馈进行实时动态调整[①]。

知识融合框架是实现知识融合的基础，集成了最新的理论方法。吉林大学朱祥等从宏观、微观层面梳理了知识融合框架。在宏观层面，他们总结了方法导向的框架研究，包括基于本体和融合规则的知识融合框架、基于背景知识的多线索融合框架、加入分类规则的融合系统、基于上下文的融合框架、基于关联数据的知识融合框架等。在微观层面，他们将知识融合的层次划分为数据层、融合层和应用层。其中数据层融合是借助本体、知识元等方法将数据或信息资源进行关联，形成统一的知识表示；融合层的目的是识别数据层中的概念关系，形成有效的组织体系，并利用推理、融合算法形成新知识；应用层的融合是为了使融合结果与用户需求相匹配，实现有效的知识服务。

知识融合的方法可分为基于语义、基于信息融合算法和基于图模型三种。基于语义的知识融合方法分为基于语义规则的方法和基于本体论的方法。基于语义规则的方法主要依赖已定义的逻辑运算规则，对融合条件进行约束，进而实现知识融合。基于本体论的方法是利用知识组织理论，通过本体映射和融合来实现知识融合。基于信息融合算法的知识融合方法主要有贝叶斯网络和D-S证据理论。基于图模型的知识融合方法是通过从其他类型数据中获得先验知识，从而为知识分配一个概率，相当于图上的链路预测问题。其中图模型可以是概率图、主题图或关系图[②]。

2.3.3.3 语义网推理技术

在语义网的七层体系结构模型中，最底层使用 Unicode 编码，使用通用资源标识符（URI）对互联网上的资源进行唯一标识识别，使用可扩展标记语言XML 来描述所有结构化文档，使用资源描述框架（RDF）来定义和表达 Web上的资源以及资源之间的关系、资源的可理解性和应用之间的互操作性。在RDF 层往上是 RDFS（RDF Schema），为资源所属的类、类分层、属性分层提供定义，RDFS 包含了一些用于建模类、子类、属性、子属性的词汇，具体可

---

① 刘晓娟,李广建,化柏林.知识融合:概念辨析与界说[J].图书情报工作,2016(13):18.

② 朱祥,张云秋.近年来知识融合研究进展与趋势[J].图书情报工作,2019(16):144,146.

以包含类、属性、子类、子属性、定义域和值域等，使得 RDF 开始能够支持简单的语义推理。

为了支持更丰富的表达和更强的推理，W3C 提出了 Web 本体描述语言 OWL，通过预定义的一些公理来描述类和属性所具有的特性和相互关系，支持更复杂的推理规则。W3C 于 2004 年提出了 Web 本体语言 OWL1，OWL1 包含 OWL Lite、OWL DL、OWL Full 三个子语言[①]，之后 W3C 又在 2012 年正式发布了 OWL2[②]。作为 OWL1 的扩展和修订版，OWL2 分为 3 类不同的表达语言：OWL2QL、OWL2EL、OWL2RL，其中：OWL2EL 关注本体推理效率和表达能力的平衡，适合于复杂多类别的本体模型；OWL2RL 关注本体模型与基于规则的推理，采用规则扩展的方式将原规则转换成 OWL2RL 兼容的格式，使得推理算法满足多项式时间复杂度[③]。

2.3.4 自然语言处理技术

自然语言处理（Natural Language Processing，NLP）是语言信息处理的一个重要分支，它研究能实现人与计算机之间用自然语言进行有效通信的各种理论和方法，具体来说就是用计算机对包括汉语的字形、字音、字义等信息及词、句子、篇章的输入、输出、存储和识别、分析、理解、生成等多方面的加工处理。自然语言处理侧重于词、句子、篇章，词法分析、句法分析、语义分析、语用分析、语境分析便构成了自然语言处理研究内容的基础部分[④]。

中文方面的自然语言处理也就是中文信息处理，中文信息处理方面主要有分词技术、自动标引、自动文摘等技术。分词技术是将每一个词从语句、文章或著作中都切分出来，中文分词技术也必须建立在已有的分词算法基础上[⑤]。

---

① OWL web ontology language reference［EB/OL］.［2023-10-20］. https://www.w3.org/TR/2004/REC-owl-ref-20040210/.

② OWL 2 web ontology language document overview［EB/OL］.［2023-10-20］. https://www.w3.org/TR/owl2-overview/.

③ 陈曦.面向大规模知识图谱的弹性语义推理方法研究及应用［D］.杭州:浙江大学,2017:26.

④ 熊回香,夏立新.自然语言处理技术在中文全文检索中的应用［J］.情报理论与实践,2008（3）:432.

⑤ 黄默丽.NLP技术在中文全文信息处理中的应用研究［D］.郑州:郑州大学,2010:13.

自动标引技术是在准确分词的基础上进行的。语法分析是处理文本的结构特性，将完整的句子分解成简单的短语，并表示出句子成分间结构关系的特征。语义分析的内容主要包括知识库、知识表示、语义网、格语法、框架和概念独立性[①]。

2.3.4.1 中文分词技术

中文分词是指将汉字序列切分成一个个单独的词或词串序列，它能够在没有词边界的中文字符串中建立分隔标志，通常采用空格分隔。语料要经过中文分词转换为数学向量的形式才能进行后续的分析。

针对中文的自动分词，国内语言学界、人工智能领域和情报检索界的学者们提出了多种解决方法，主要分为基于词典的分词方法、基于统计的分词方法和基于语义的分词方法三种。其中最为经典的是基于词典的分词方法。基于词典的分词方法是将待分析的汉字串与一个充分大的机器词典中的词条进行匹配，找到某个字符串则匹配成功。词典分词的方法又包含正向最大匹配法、逆向最大匹配法、双向最大匹配法、最小切分等[②]。常见的中文分词工具有 Stanford 汉语分词工具、哈工大语言云（LTP-cloud）、中国科学院汉语词法分析系统（ICTCLAS）、IKAnalyzer 分词、盘古分词、庖丁解牛分词等[③]。

2.3.4.2 命名实体识别技术

命名实体识别（Named Entity Recognition），也称实体抽取或命名实体学习（Named Entity Learning），指的是从原始数据资料中自动识别出命名实体。实体抽取是知识抽取中最为基础与关键的环节，实体抽取的方法有四种：基于百科站点或垂直站点抽取、基于规则与词典的抽取、基于统计机器学习的抽取以及面向开放域的抽取[④]。

基于百科站点或垂直站点抽取是一种常规的提取方法，是从百科类站点（如维基百科、百度百科、互动百科等）的标题和链接中抽取实体名，这种方

---

① 王知津,李培,李颖,等.知识组织理论与方法[M].北京:知识产权出版社,2009:126,135.

② 樊重俊,刘臣,霍良安.大数据分析与应用[M].上海:立信会计出版社,2016:242.

③ 杨秀璋,颜娜.Python网络数据爬取及分析从入门到精通:分析篇[M].北京:北京航空航天大学出版社,2018:171.

④ 杨正洪,郭梁越,刘玮.人工智能与大数据技术导论[M].北京:清华大学出版社,2019:378.

法主要是基于爬虫技术来实现和获取的。

基于规则与词典的抽取通常需要依靠大量的专家为目标实体编写模板，然后在原始资料中进行匹配，例如使用已定义的规则抽取出文本中的人名、地名、组织机构名、特定时间等。

基于统计机器学习的抽取主要是通过机器学习的方法对原始资料进行训练，然后利用训练好的模型识别实体。近年来，随着深度学习的兴起应用，基于深度学习的命名实体识别得到广泛应用。

面向开放域的抽取将面向海量的 Web 资料，针对如何从少量实体实例中自动发现容易区分的模式，进而扩展到海量文本，去给实体做分类与聚类的问题。

2.3.4.3　实体消歧 / 实体链接

实体歧义指的是一个实体指称可对应到多个真实世界的实体，多发生在不同的文档中。实体的歧义现象可以概括为多样性和歧义性。实体的多样性是指某个实体对象在现实世界可能对应着多个不一样的实体指称项。实体的歧义性则为同一个实体指称项在不同的上下文中有可能对应知识库中不一样的实体对象。

确定实体指称与真实世界中实体对应关系的过程称为实体消歧，或称实体链接（Entity Linking）。实体消歧方法可分为基于聚类和基于链接的两种方法。基于聚类的实体消歧方法又可分为基于文本向量空间的聚类方法、基于社会网络的聚类方法和基于维基百科的聚类方法。基于链接的实体消歧也称为实体链接，典型的实体链接方法包括两个步骤：首先是确定候选实体概念，然后是对候选实体概念进行排序。2009 年美国国家标准与技术研究院在文本分析会议的知识库扩充任务中提出了实体链接这一子任务[①]。实体链接是指将从文本中抽取得到的实体对象链接到知识库中对应的正确对象的操作[②]。

2.3.4.4　关系抽取

在非结构化的自然语言文本中，一个个独立的实体无法提供丰富的结构化

---

① 　NLPR KBP in TAC 2009 KBP Track：A Two-Stage Method to Entity Linking［EB/OL］.［2023-10-23］. https://tac.nist.gov/publications/2009/participant.papers/NLPR_KBP.proceedings.pdf.

② 　冯钧, 柳菁铧, 孔盛球. 融合多特征的中文集成实体链接方法［J］. 计算机与现代化, 2019（1）:69.

语义信息。关系抽取是识别文本中的实体并判别实体之间关系的一项技术，在知识图谱构建、社交网络分析、自动问答等任务中发挥重要作用。

目前的实体关系识别研究大致可以分为两类方法，分别是有监督学习方法和半监督学习方法。有监督学习方法传统上依赖于手工特征，其中以基于核函数的方法使用得最为广泛。近年来，随着深度学习的兴起，有监督学习方法转而使用递归神经网络、卷积神经网络和循环神经网络进行实体关系识别，取得了更好的识别效果。相较于有监督学习需要人工标注大量语料，基于半监督学习的实体关系识别方法通常利用现有知识库在句中进行实体回标，以获得训练语料，所以这一方法又被称为远程监督（Distant Supervision）方法[①]。

2.3.4.5　事件抽取

事件抽取是从非结构化的自然语言文档中自动抽取用户感兴趣的事件信息，并以结构化的形式表示出来。一个事件包括事件类型、参与者、时间、地点、原因等诸多元素，事件抽取是一项复杂的任务，是当前自然语言处理的研究热点和难点。事件抽取依赖于命名实体识别、关系抽取的结果，同时还需要深层次地分析上下文语义才能完成。

事件抽取的方法可以分为基于模式匹配的方法和基于机器学习的方法两大类，中文事件抽取方法还需要考虑中文语言特性。其中，基于模式匹配的事件抽取方法主要分为有监督的模式匹配方法和弱监督的模式匹配方法两大类。有监督的模式匹配方法依赖于人工标注语料进行事件模式学习；弱监督的模式匹配方法只需要对语料进行预分类或制定种子模式的少量人工标注工作，然后自动进行事件模式学习。基于机器学习的方法将事件抽取建模成分类任务，是目前的主流研究方向，包括基于特征工程的方法、基于神经网络的方法和弱监督的方法[②]。

---

① 王祺,邱家辉,阮彤,等.基于循环胶囊网络的临床语义关系识别研究[J].广西师范大学学报(自然科学版),2019(1):81.

② 项威,王邦.中文事件抽取研究综述[J].计算机技术与发展,2020(2):3,4.

2.4　本章小结

本章是知识组织系统及其相关技术的概述。首先阐明了知识组织的定义、原理和知识组织方式，以及传统的知识组织系统和语义网环境下的知识组织系统（包括本体法、主题图、知识地图、语义网络、知识图谱）；其次总结了知识组织相关技术，包括传统知识组织系统转换方面的技术，如叙词表自动构建、受控词表语义化描述、知识组织系统互操作等，以及新型知识组织系统的构建技术，如本体构建技术、关联数据技术和知识图谱技术；最后介绍了知识组织过程中使用的语义网和自然语言处理相关技术。

3 单元信息基本理论

3.1 单元信息的内涵

3.1.1 单元信息概念

知识组织对象是知识组织研究中需要首先明确的问题，学者们已经提出了知识单元、知识元的概念。关于知识单元的概念，目前学术界仍未形成统一认识。一般而言有两种代表性的观点，即广义的知识单元和狭义的知识单元。广义的知识单元是指知识的任何一种相对独立的单元内容和形式，如一本书、一篇文献、一本期刊、一张报纸等。狭义的知识单元是指知识在内容上不能再分解的基本单位，是构成系统知识最小最基本的要素，也称为知识元[①]。知识元的概念主要来自文献计量领域，在知识挖掘方面应用广泛。华中师范大学冯儒佳等从粒度原理出发，对知识单元、知识元的概念做了界定，认为知识单元是任意粒度的用于知识组织的文献片段。而知识元作为一种表征知识点的细粒度资源，是知识组织中不可分割的最小控制单元，如数据、事实、结论、公式等。知识单元可以是一个或多个知识元的集合[②]。

在知识组织方面，很多专家认为文献应碎化为细粒度的单元，如数据元、知识单元、知识元等，细粒度是相对于大粒度的文献或文件而言的，如知识元/科研数据、微数据、微视频等微信息。但是在知识组织中，知识元表达的语义过于零碎，会出现知识细分的无意义、复链接等问题；而知识单元概

---

① 徐荣生.知识单元初论［J］.图书馆杂志,2001（7）:2.

② 冯儒佳,王忠义,王艳凤,等.科技论文的多粒度知识组织框架研究［J］.情报科学,2016（12）:46-54.

念过于宽泛，一个观点、一篇文章、一本书都属于知识单元的范畴。因此，我们认为知识组织的对象为单元信息（unit information，UI）。

单元信息是指文献中自身完整的一个知识单元，诸如关于某一观点、数据、方法等的段落语句，它隐含在文献内部的章节段落之中，是文献中相对独立、能够完整表达一条知识的文献片段。单元信息也可称为精粹信息，是从文献中提取的有价值的知识单元，是按照一定的原则和标准精选出来的知识片段。

3.1.2 单元信息与知识单元、知识元的辨析

单元信息与知识单元、知识元在概念特点和粒度层级上既有共同点，又有区别，辨析如表 3-1 所示。

单元信息属于广义层面上的知识单元，在知识形态上单元信息与知识单元相似，都是隐含在文献中的信息，但是在粒度层级上与知识元的概念一致，都是不可拆分的最小独立单元。因此，单元信息的实质是一种细粒度的知识单元，是关于某一观点、数据、方法等的段落语句，其文字长度不固定，以能准确表达一个完整的知识点为宜。

表 3-1　单元信息、知识单元、知识元辨析

名称	定义	特点	粒度层级
知识单元	广义的知识单元是指知识的任何一种相对独立的单元内容和形式，如一本书、一篇文献、一本期刊、一张报纸等；狭义的知识单元是指知识在内容上不能再分解的基本单位，是构成系统知识最小、最基本的要素。	知识单元是任意粒度的用于知识组织的文献片段。如一本书、一篇文献、一本期刊、一张报纸等。概念过于宽泛，一个观点、一篇文章、一本书都属于知识单元的范畴。	任意粒度
知识元	知识组织中不可分割的最小控制单位，如数据、事实、结论、公式等。	知识元是不可分割的最小控制单位；表达的语义过于零碎。	细粒度

续表

名称	定义	特点	粒度层级
单元信息	文献中自身完整的一个知识单元，诸如关于某一观点、数据、方法等的段落语句。	单元信息是细粒度的文献片段，能独立于母体而存在，其内容与含义完整，是读者可直接引用的信息。 单元信息可认为是句子级的知识元。	细粒度

3.1.3　单元信息的类型

对于单元信息的分类，按照不同分类依据可以从多种角度进行划分。从资源类型特征维度来看，单元信息既包括文本型信息，又包括图片型和视频型信息，也可能是各种载体类型交叉和融合的综合型。单元信息载体类型如图表 3-2 所示。

表 3-2　单元信息载体类型

单元信息载体类型	类型描述
文本型	文献中的一段文字，能够完整表达一个观点或知识。
图片型	文献中的一张或一组图片，信息相对完整，能够反映某个人物或事件。
图表型	信息相对完整，可通过上下文明确其含义的图表，能够完整表达一个观点或知识。
视频型	内容完整，较好地体现观点、释义、主要内容的一段连续的视频，由一个以上相互关联的场景构成知识内容片段。
音频型	内容完整，较好地体现观点、释义、主要内容的一段连续的音频。
综合型	包括两种及以上载体类型的文献片段，能够完整表达一个知识点。

从内容特征来看，本书通过对样本单元信息进行内容分析，归并具有相同意义的单元信息类型，将单元信息内容类型划分为：定义、方法、数值、事实、结论 5 种类型，见表 3-3。

表 3-3 单元信息内容类型

单元信息内容类型	类型描述	举例
定义型	有特定的语法结构，如：×××是××××；所谓……；×××是……；也称为×××。具有新颖性，阐述简练和完整。	知识图谱是一种用图模型来描述知识和建模世界万物之间的关联关系的技术方法。
方法型	分析解决问题的某种确定方法。包括：步骤、方法、经验、技巧、过程等类型。	消除关系数据库模式和本体之间模型上差异的解决途径主要有3种：①把本体转换为类似关系数据库模式的形式表达；②把关系数据库模式转换为类似本体的形式表达；③把关系数据库模式和本体分别转换到某种中间模型。
数值型	以数值形式存在，包括各种社会经济数据和科学数据等，可供数据分析研究和知识推理。	2016年，英国数字科技投资超过68亿英镑，比任何欧洲国家都要高50%以上，全球几乎1/3的金融科技投资都发生在英国。
事实型	描述发生的事件或反映一个事实，具有真实性、准确性等特点，包含历史事件、（地理、社会等）现象、时间、地点、人物等。	2008年5月12日，中国四川汶川发生7.8级大地震。
结论型	简洁、高度概括；具有逻辑性和普遍指导意义。	综上所述，面向大数据的知识组织方法需要具备可处理多样数据格式、支持数据实时动态更新和挖掘分析、高扩展性和便于信息整合等特性。

举例文献来源：

①王昊奋，漆桂林. 知识图谱：方法、技术与应用 [M]. 北京：电子工业出版社，2019：1.

②瞿裕忠，胡伟，程龚. 语义网技术体系 [M]. 北京：科学出版社，2015：183.

③张凯. 大数据导论 [M]. 北京：清华大学出版社，2020：25.

④刘柏嵩. 学术型大数据知识组织与服务模式研究 [M]. 杭州：浙江大学出版社，2018：3.

3.2 单元信息模型构建

3.2.1 单元信息的描述模型

单元信息作为一种细粒度的知识单元，对其进行知识组织和检索的前提是要建立知识表示模型。目前文献知识表示方法主要分为两类：基于特征的知识表示方法和结构化的知识表示方法。基于特征的知识表示方法通常以属性—值、n元组、特征向量等形式清晰地描述出知识对象的属性特征；结构化的知识表示方法则详细描述文献内知识对象之间复杂的语义关系，如基于图结构的表示法、面向对象表示法、本体表示法等。

基于特征的知识表示方法通常以n元组的形式描述出知识对象的属性特征，如编号、来源、内容等特征。武汉大学周宁等提出名（name）和值（value）的知识元二元组表示方法[1]。辽宁师范大学高国伟等提出了概念、关系、问题三元组表示方法，实现了对监管信息知识元的三元组抽取[2]。哈尔滨商业大学图书馆姜永常、华中师范大学马倩倩和高劲松都提出了名称（概念）、属性、操作（方法）和关联四元组表示方法[3][4][5]。中国科学院文献情报中心边文越等提出了名称、物质组成、性能和来源四元组数值型科技前沿问题知识元[6]。同方知网的肖洪等提出用时间、指标、谓词、数值、单位五元组来表示数值型知识元[7]。西安电子科技大学谢庆球等提出了一种三层次六元组（编号、

① 周宁,余肖生,刘玮,等.基于XML平台的知识元表示与抽取研究[J].中国图书馆学报,2006(3):41-45.

② 高国伟,王亚杰,李永先.知识元表示方法研究[J].现代情报,2015(3):15-18.

③ 姜永常.基于知识元语义链接的知识网络构建[J].情报理论与实践,2011(5):50-53.

④ 马倩倩.基于关联数据的知识元链接图式存储模型研究[D].武汉:华中师范大学,2014.

⑤ 高劲松.文献知识元语义链接的图式存储研究[J].情报科学,2015(1):126-131.

⑥ 边文越,李泽霞,冷伏海.构建包含知识元分析的科技前沿情报分析框架——以研究甲烷直接制乙烯为例[J].图书情报工作,2016(10):87-94.

⑦ 肖洪,薛德军.基于大规模真实文本的数值知识元挖掘研究[J].计算机工程与应用,2008(30):150-152,222.

来源、特征词、内容、内导航、外导航）的表示方法[①]。大连理工大学的李珊珊和刘淼等分别提出了编号、导航、来源、类型、特征词、内容六元组和来源、导航、名称、内容、主题和主题领域六元组表示期刊文献单元信息的方法[②③]。西安电子科技大学温有奎教授等提出了名称、表示方式、法则信息、操作信息、导航信息、上属信息和相关信息七元组表示方法[④]。华中师范大学毕崇武等从标识、描述、关系 3 个层面分别表示方法型、概念型、事实型和数值型知识元[⑤]。蒋玲提出了标号、名称、描述、属性、主题词、来源、类型、上下文、上下文关系表示方法[⑥]。武汉大学宋宁远等对叙事文本中存在的事件、事件间关系进行语义建模与表示，同时完善了对情节的定义，构建了基于事件的情节本体 EBPO，提出了叙事性文本的"层次—网络"结构模型，用以实现对叙事性文本的语义结构化表示[⑦]。

尽管不同知识模型包含的描述元素不同，但本书作者研究发现，这些元素主要集中在知识对象名称、知识对象描述、知识对象属性（内容特征和外部特征）、知识对象来源。本书在已有的知识结构模型的研究基础上，结合单元信息特点建立了单元信息的描述模型，该模型由单元信息标识号、单元信息名称等 8 个基本元素组成。

单元信息（Unit Information，UI）的描述模型表示如下：

UI=< N，ID，CO，S，R，C，T，F>，其中，N 表示单元信息名称，是对单元信息的高度概括，通常是一个术语名称，参照主题词表、领域本体词汇。ID 表示单元信息标识号，即单元信息的唯一编号，构建单元信息库时自

———————

① 谢庆球,秦春秀,杨智娟,等.知识元层次结构表示方法研究[J].情报理论与实践,2017（4）:26-31.

② 李珊珊.基于 HNC 理论的期刊文献知识组织研究[D].大连:大连理工大学,2015.

③ 刘淼,王宇.基于主题句的期刊文献知识元库构建[J].情报杂志,2012（11）:145-149.

④ WEN Y, WEN H. Semantic text deep mining based on knowledge element[C]// International Conference on Internet Computing & Information Services. Piscataway:IEEE Computer Society,2011:90-93.

⑤ 毕崇武,王忠义,宋红文.基于知识元的数字图书馆多粒度集成知识服务研究[J].图书情报工作,2017（4）:115-122.

⑥ 蒋玲.面向学科的知识元标引关键技术研究[D].武汉:华中师范大学,2011.

⑦ 宋宁远,王晓光.基于情节本体的叙事性文本语义结构化表示方法研究[J].中国图书馆学报,2020（3）:96.

动生成。CO（content）表示单元信息内容本身。S（subject）表示单元信息的主题特征。R（resource）表示来源，即单元信息的来源文献。C（creator）表示单元信息的创作者。T（type）表示单元信息的内容类型。F（format）表示单元信息的格式，如 text、jpg 等。

3.2.2　单元信息的语义模型

单元信息的线性描述模型虽能揭示单元信息的属性特征，却不能揭示单元信息内在结构和语义关联。单元信息的语义模型通过使用语义结构代替传统线性结构的知识表示模型，可以使用户更容易通过语义元数据（semantic metadata）进行高效检索和浏览。此外，数字环境下依靠人工添加元数据的方式难以提高搜索引擎的检索效率和准确率，而通过结构化和语义化的知识表示，能够帮助机器实现自动分类、聚类、数据挖掘及语义检索。

单元信息的语义模型还需要考虑以下问题：①二元组、三元组表示方法局限于单元信息的属性和内容表示，仅侧重于对文献资源的客观描述，忽略了对单元信息之间语义关系的表达。②四元组、六元组、七元组等多元组表示方法，使得单元信息的数据结构维度增高，描述项增多，表达冗长，不易实现推理完备性，也增加了计算机对语义内容识别的难度。③单一面向某类型的单元信息，难以推广于普适的单元信息的描述^①。

本书在层次表示方法的基础上，归并具有相同意义的单元信息表示元素，重用文献资源的已有表示，建立了本书的单元信息语义模型，即单元信息表示本体，如图 3-1 所示。

---

① 付苓.基于本体网络概念化单元信息研究［J］.情报杂志,2018(1):123.

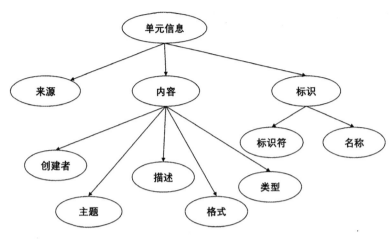

图 3-1 单元信息语义模型

单元信息语义模型包括单元信息标识、单元信息来源和单元信息内容 3 个方面。第一，单元信息标识是单元信息在存储、利用方面的唯一标识，包括标识符和名称。单元信息标识符和名称是单元信息库中标识单元信息的重要字段，也是对单元信息进行索引和查找的重要字段。第二，来源是单元信息具体出处的文献信息。来源是指单元信息所抽取的图书、期刊等文献的标题等，可以实现单元信息与文献之间的互逆导航，可以通过单元信息的来源获取所在文献的其他元数据或查找相关的有价值的文献，可以通过文献的元数据查看文献内的单元信息。第三，单元信息内容包括描述、主题、类型、格式和创建者。描述是单元信息在文献中本身所包含的信息，即文献中的原文片段信息，可以直接体现知识的类型；主题是针对单元信息所描述的内容而提取的描述单元信息能力的主题概念，主题词是提取单元信息的重要内容特征，是单元信息内容的高度概括，主题主要来源于领域本体中的概念表达；类型则通过分析单元信息内容即主题句信息得到，类型的提取主要用于基于单元信息内容类型的聚类和浏览。

单元信息的知识表示是将抽象的概念具体化的过程，构建单元信息的形式化和符号化表示方法是实现单元信息抽取的关键。单元信息语义模型的形式化表示主要是基于 XML 和基于本体的方法。一直以来，XML 平台被认为有利于知识表示，如武汉大学周宁等基于 XML 平台提出了知识元框架的巴科斯范式（Backus Normal Form，BNF）[①]，西安交通大学温有奎等在 XML 平台上进行数值型知识元的本体描述[②]。本体是概念化的明确的规范说明，提供明确的和机器可理解的领域的概念化。本体的主要目的是获取有关特定领域的知识，并提供共同接受的表示以供重用和共享。知识元本体也已广泛应用于知识元标注、知识元语义标引、基于文献主题成因的知识发现等各类场景中。建立基于本体的单元信息语义模型是实现知识语义表示、关联的关键。单元信息本体（图 3-2）使单元信息概念化，单元信息本体能够明确清晰地表示单元信息领域知识，使用形式化本体语言 OWL 可以有效地表示单元信息的知识层次结构和语义，更好地组织单元信息，进行推理、标注和检索。单元信息本体的主要概念是"描述"，因为这是实现单元信息表示的先决条件。每个描述有唯一的标识符和名称，并且对应多个主题和创建者，拥有所属的单元信息类型，具有唯一的来源信息[③]。

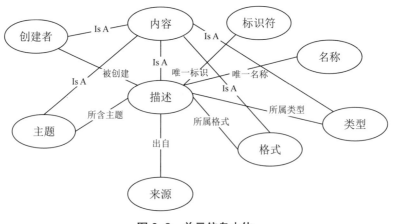

图 3-2　单元信息本体

图片来源：付苓 . 基于本体网络概念化单元信息研究［J］. 情报杂志，2018（1）：124.

①　周宁，余肖生，刘玮，等 . 基于 XML 平台的知识元表示与抽取研究［J］. 中国图书馆学报，2006（3）：41-45.

②　温有奎，徐端颐，潘龙法 . 基于 XML 平台的知识元本体推理［J］. 情报学报，2004（12）：643-648.

③　付苓 . 基于本体网络概念化单元信息研究［J］. 情报杂志，2018（1）：124.

3.3　单元信息的抽取

由于单元信息来源于文献，在确定具体的知识领域后，首先进行文献资源的收集与获取，文献资源的选择主要关注本领域核心优质内容，以权威图书和核心期刊为主，也可包括部分高质量的网上资源。优先选择数字化形式的资源，或将纸质文献数字化，便于单元信息的抽取。单元信息抽取分为人工模式和机器自动抽取模式。

3.3.1　单元信息的人工抽取原则

单元信息也可称为精粹信息，它隐含在文献内部的章节段落之中，要精准地挖掘这些有价值的片段信息，必须制定鉴选信息的原则与标准。本书通过对数百篇学术论文的鉴选试验，初步形成了以下原则，拟根据这些原则进行人工抽取。

3.3.1.1　实用性

单元信息鉴选的根本目的在于让用户有效使用，所以在鉴选过程中，始终要贯彻以用户为中心的原则，追求用户在利用中产生的价值。实用性的体现，一是要切实解决用户在研究中的信息需求及问题，无须用户再检索原始文献就能把握信息的真谛；二是满足用户对最新信息的了解和利用；三是符合用户参考和引用文献的习惯。

3.3.1.2　客观性

单元信息加工是信息工作中的一种，其性质是用户的代理者和服务者，而不是为自己或个别用户进行鉴选加工。所以在具体加工中，一是要客观公正，不以个人好恶及个人的价值观决定信息的取舍，也不能无原则地迎合某一思潮或迁就某种倾向；二是要忠实于原始文献，如实反映原始文献作者的观点及见解，避免主观因素导致的偏差和失误。

3.3.1.3　准确性

准确性是指阐述的信息准确可靠，没有政治、观点及实验性错误，不能在信息上对用户产生误导甚至为用户提供错误信息。具体表现为：一是学术观点及结论正确；二是论证符合逻辑，表述精确到位；三是数据来源可靠、计算方法合理；四是实验程序科学，处理方法严谨；五是语句精练，体现作者的见解和主张。

3.3.1.4 完整性

单元信息是一种独立于原始信息而存在的再生信息产品，在信息内容的表达上具有自身相对完整的特点。完整性的具体表现，一是截取的信息能独立表达一种观点、一种方法、一种结论，不能让用户产生疑义或有语焉不详的感觉；二是截取的信息不能支离破碎，断章取义，在不损害原始信息本意的基础上，尽量做到短小精悍。

3.3.1.5 系统性

学术研究具有连续性，学术期刊在栏目设置及刊载文章内容连续性的基础上形成了知识内容的系统性，为了给用户提供连续系统的信息，单元信息的加工必须坚持系统性原则。一是要做到同一类或同一主题信息的系统连贯，让用户获得的信息全面系统；二是在信息源的选择上要做到连续性，尤其是对专业的核心期刊及网站的访问不能中断，确保单元信息的可靠性及权威性。

3.3.2 单元信息的自动抽取方法

单元信息的自动抽取就是将来源文献中的单元信息按照一定的提取规则，逐一进行识别、理解、筛选、归纳的过程。人工模式需要通读全文然后进行手工抽取，这种方法内容质量高，但耗时耗力。但要实现自动或半自动地从文献中抽取与挖掘单元信息，需要对单元信息的类型与描述规则进行充分的研究，针对不同类型的单元信息制定相应的抽取规则，如对文本型单元信息、图片型单元信息和视频型单元信息进行抽取，有着截然不同的抽取方法。本书仅讨论文本型单元信息的自动抽取方法。

3.3.2.1 基于文本的细粒度知识自动抽取

现有的从文本内容中抽取细粒度知识的方法主要可概括为以下四种。一是人工标注。该类方法依赖于领域专家构建文本语义标注规范，建立的知识元标注语料库虽然质量可靠，但语义标注内容和规模均难以扩展。二是基于规则的方法。一些学者通过 Bootstrapping 技术自动挖掘规则，但容易发生语义漂移。基于规则的方法难以覆盖所有自然语言的规则，该方法性能取决于知识的覆盖性和完备性。三是基于统计的机器学习方法。近年来，情报学领域的研究者正逐步将基于统计的机器学习方法引入细粒度知识的抽取当中，基于决策树（DT）、支持向量机（SVM）、条件随机场（CRF）、马尔科夫逻辑网络（MLN）等模型在诸多领域开展了广泛的研究。但这种利用统计的机器学习模型需要领域专家结合实际需求对不同类型的知识元分别建立特征模板，且模型训练依赖大规模的标注语料，有限的标注语料难以体现不常见自然语言描述的规律性。四是基于深度学习的方法。中国科学院文献情报中心余丽等提出一种面向文本内容抽取细粒度知识元的深度学习方法，通过改进 Bootstrapping 方法，自动构建大规模语料库，并成功将其用于深度学习模型，从文本中识别出四类细粒度的知识元[①]。武汉大学罗卓然等以学术论文全文本和 MeSH 主题词为数据基础，利用自然语言处理和深度学习技术，识别学术论文贡献句，为学术文本创新贡献内容的细粒度知识挖掘奠定基础[②]。

3.3.2.2 规则的自动抽取

目前在规则的自动抽取方面，人工智能领域已有不少成果，大都集中在智能学习和推理的形式化规则抽取方面，而不是从原始文本中抽取细粒度知识的规则。图书情报领域的学者们主要对学术定义、学术论文创新点等进行抽取研究，但针对文本进行内容抽取与挖掘的研究还不够充分，如何借助技术手段构建单元信息的描述规则的问题并没有很好地解决。

中国人民大学索传军等采用 Swales 的 CARS 语步/步骤模式分析法对引言中表述研究问题的句子进行分析，从而分析出问题知识元所在的句子的线性结构，进而归纳总结出不同类型问题知识元的描述规则[③]。北京大学化柏林通过抽取大量学术论文中关于方法描述的句子，并过滤句子中的领域关键词形成句子描述结构，最终通过人工审核与合并归类的方法，形成方法知识元的描述规则[④]。武汉大学赵蓉英等以智库研究成果为样本，基于构建主题词表进行文

① 余丽,钱力,付常雷,等.基于深度学习的文本中细粒度知识元抽取方法研究[J].数据分析与知识发现,2019(1):38-44.

② 罗卓然,蔡乐,钱佳佳,等.创新贡献句识别研究[J].图书情报工作,2021(12):93-100.

③ 索传军,赖海媚.学术论文问题知识元的类型与描述规则[J].中国图书馆学报,2021(3):95-109.

④ 化柏林.学术论文中方法知识元的类型与描述规则研究[J].中国图书馆学报,2016(1):30-40.

本抽取的方法，进行成果知识元的抽取，并结合人工选择、精练抽取，归纳总结出中文智库成果的知识元类型及其具体的描述规则[1]。王忠义等、黄容等、谭荧等分别提出方法知识元、数值知识元和事实知识元的描述规则[2][3][4]。

3.3.2.3 各类型单元信息的自动抽取

从文献中自动抽取单元信息的前提是对各种类型单元信息的描述规则进行充分研究。本书借鉴以上学者的研究成果，采用人工与机器相结合的方式，初步形成了对各内容类型单元信息的识别规则（表3-4至表3-8）。由于不同类型的单元信息规则较多且要考虑其可拓展性，本章只作部分规则的示例。

表 3-4　事实型单元信息识别规则

类型	识别规则	举例
观点型	是/存在/有/……认为/指出/表示/提出……	实践和研究认为海相页岩气富集高产"经济甜点区"需具备地质上"含气性优"、工程上"可压性优"、效益上"经济性优"，即"又甜、又脆、又好"三优特征。
序列型	第一/一是/首先，……；第二/二是/其次，……；第三/三是/然后（最后），……。一方面……另一方面……	虽然我国食用菌遗传学研究取得了许多研究成果，但是仍旧存在广阔的提升空间，有一些值得进一步完善的方面，其主要表现为：一是食用菌遗传学研究由于缺少模式物种，加上食用菌种类众多，研究对象不聚焦，分散了研究力量；二是一些研究内容着力于新的分子生物学技术如组学技术和基因编辑技术的使用，但缺少清晰的科学问题作为导向；三是一些研究结果常常是单点的知识积累，缺少研究系统性和深入性。

① 赵蓉英,张心源.基于知识元抽取的中文智库成果描述规则研究[J].图书与情报,2017（1）:119-127.

② 王忠义,沈雪莹,黄京.科技文献资源中方法知识元的抽取研究[J].情报科学,2021（1）:13.

③ 黄容,何杨煜琪,王忠义,等.数字图书馆数值知识元检索系统设计[J].图书情报工作,2018,62（14）:125-132.

④ 谭荧,唐亦非.面向科学文献的事实知识元自动抽取方法研究[J].情报科学,2020（4）:23-27,36.

类型	识别规则	举例
直述型	（主语）……	食用菌种类繁多，多含有结构新颖、生物活性独特的次级代谢产物，如萜类、酚类、生物碱、含氮杂环化合物等，具有神经保护、调节机体免疫力、调节新陈代谢、抗菌、抗心血管疾病、抗肿瘤和抗病毒等作用。
分析预测型	（从……看/根据/通过……）……反映/预测/预计/出现……	自特朗普政府上台后，中美经贸关系出现重大波折。从表象上看，这些波折是由中美两国的贸易不平衡引起的；从根源上看，是由两国制度的差异造成的。
事件型	时间点＋主语＋事件	2006年国务院发布《中国水生生物资源养护行动纲要》后，全国沿海各省市更是纷纷行动起来，积极组织开展海洋生物资源增殖放流活动和人工鱼礁建设。

举例文献来源：

①邹才能，董大忠，王玉满，等.中国页岩气特征、挑战及前景（二）[J].石油勘探与开发，2016（2）：166-178.

②鲍大鹏.我国食用菌遗传学的发展及展望[J].菌物学报，2021，40（4）：806-821.

③胡加祥.从多边贸易体制看美国贸易政策的嬗变[J].美国研究，2022（5）：117-132.

④杨红生.我国海洋牧场建设回顾与展望[J].水产学报，2016（7）：1133-1140.

表 3-5　结论型单元信息识别规则

类型	识别规则	举例
直述型	（主语）……	信息化和数字化技术是精准畜牧业发展的关键和核心技术，通过对信息获取、处理、理解与应用，并建立科学管理系统、决策支持系统，能够促使日趋规模化的畜牧业低成本、高效率、安全和可持续发展。

续表

类型	识别规则	举例
序列型	第一/一是/首先,……;第二/二是/其次,……;第三/三是/然后(最后),…… 一方面……另一方面……	高效利用废弃生物质,一方面可缓解对环境的污染,另一方面,采用生物质制备种类繁多的可降解高分子材料,可拓宽其应用领域,提高经济效益。
归纳推断型	通过……,……/从……看(来),……/由……可以得出……。总体看来/可以预见/由此可见/因而/呈现/归根结底/总的来说/总的来看/由上可见……	由以上进展可见,国内外学者在智能故障识别与寿命预测方面的研究层出不穷,其工程实际应用潜力也初露端倪。但现有工作集中研究单个零部件的故障识别与寿命预测问题,充分利用大数据资源对整个机械系统进行诊断与预测的研究工作屈指可数。
建议方案型	……需要/建议/有利于/呈现/维持/保持/能/能够……	根据 WHO 的合理用药建议,结合我国国情,强烈建议国家卫生行政部门采取统一的强制性管理措施,逐步规范临床用药。

举例文献来源:

①何东健,刘冬,赵凯旋.精准畜牧业中动物信息智能感知与行为检测研究进展 [J].农业机械学报,2016(5):231-244.

②何玉凤,钱文珍,王建凤,等.废弃生物质材料的高附加值再利用途径综述 [J].农业工程学报,2016(15):1-8.

③雷亚国,贾峰,孔德同,等.大数据下机械智能故障诊断的机遇与挑战 [J].机械工程学报,2018(5):94-104.

④韩爽,钟敏涛,李锦,等.我国辅助用药应用现状及管理对策初探 [J].中国药学杂志,2016(8):678-682.

表 3-6　定义型单元信息识别规则

类型	识别规则	举例
内涵解释型	……是 / 是指 / 即 / 称为 / 称 / 表示……	饮食养生，就是饮用食物或者食用药物来调整机体状态，以增进健康、延缓衰老的养生方法。饮食养生，可以强壮身体、预防疾病，甚至延年益寿。
外延解释型	……法 / 方法＋是一种……的方法	耐震时程法（ETM）是一种采用幅值随时间不断增大的人工地震动作为输入的新型动力分析方法，其只需通过少量的数值运算便可得到不同地震强度下的结构响应。

举例文献来源：

①孙晓生，蔡其昀.《老老恒言》养生方法及其现实意义［J］.新中医，2013（8）：202-203.

②沈禹，谈华顺，王荣，王献挚，等.考虑行波效应的大跨度矮塔斜拉桥耐震时程分析［J］.工程力学，2020（3）：131-141.

表 3-7　方法型单元信息识别规则

类型	描述规则	举例
定义型	……法 / 方法＋是 / 是指 / 定义如下 / 被定义为 / 的定义为……	特征选择方法是指从众多的原始特征集中通过某种全局的规则或排序方法来选取最能反映类别统计特性的相关特征，以构成原始特征集的子集。
	……/ 法 / 方法＋是一种……的方法	可视化分析与文本挖掘的结合为探究文本中所蕴含的新知识和复杂的结构模式分析提供了一种有效的方法，可视化分析及文本内容挖掘分析在人文学科的数字人文研究中越来越受到国外学者的重视。

续表

类型	描述规则	举例
描述型	根据/按照……划分为/有……如/分别是/具体有/即……	中外对领域本体的构建根据对已有成熟元数据集的复用程度可以划分为两个层次，即对成熟本体的借鉴和构建全新的领域本体。
	方法+如 M1，M2，M3 和/以及 Mn	区块链可选择不同的加密方法，如 RSA、中国的国密算法、Ed25519 等的签名算法。
	方法+总结/包括/分为+以下/下面/如下+N+类/种/类型	国际上主流的 V-SLAM 方法大致可以分为 3 类：基于滤波器、基于关键帧 BA 和基于直接跟踪的 V-SLAM。
过程型	提出了……	为改善经典层次分析法（AHP）主观性强、权重系数固定不变的缺陷，根据被评价对象指标值矩阵所蕴含的客观信息，本文对经典的层次分析法进行修正，提出了一种基于层次分析法的可变权重决策评价方法。
	……引入/借用/参考了……	扩张卷积是小波分解中常用的方法，在普通卷积操作中引入不同的扩张因子，使感知野大小呈指数级增长，从而捕获图像中多尺度上下文信息并加以聚合，以提升像素预测的准确率。
缺点型	……，但是/可是+存在/尚存/有……的缺点/不足/困难	Overfeat 使用 CNN 来进行滑动窗操作，避免了对各图像块的单独操作，提高了算法效率，而且将全连接层看作卷积层，使得输入图像的尺寸不受限制。但是 Overfeat 对于较小尺寸目标的识别依然存在困难。

续表

类型	描述规则	举例
优点型	与……相比，……方法/在……方面+更……具有/好处是……	改进算法不仅检测出了更多的弱边缘，而且检测出的图像更完整，连接性更好，具有更好的实用性。

举例文献来源：

①贺鸣，孙建军，成颖.基于朴素贝叶斯的文本分类研究综述［J］.情报科学，2016（7）：147-154.

②欧阳剑.面向数字人文研究的大规模古籍文本可视化分析与挖掘［J］.中国图书馆学报，2016（2）：66-80.

③朱学芳，王若宸.非遗图像语义信息本体构建及其关联数据存储和发布研究［J］.现代情报，2021（6）：54-63.

④蔡维德，郁莲，王荣，等.基于区块链的应用系统开发方法研究［J］.软件学报，2017（6）：1474-1487.

⑤刘浩敏，章国锋，鲍虎军.基于单目视觉的同时定位与地图构建方法综述［J］.计算机辅助设计与图形学学报，2016（6）：855-868.

⑥张耀天，张旭成，贾明顺，等.基于层次分析法的自适应决策评价方法［J］.北京航空航天大学学报，2016（5）：1065-1070.

⑦姜枫，顾庆，郝慧珍，等.基于内容的图像分割方法综述［J］.软件学报，2017（1）：160-183.

⑧张慧，王坤峰，王飞跃.深度学习在目标视觉检测中的应用进展与展望［J］.自动化学报，2017（8）：1289-1305.

⑨宋人杰，刘超，王保军.一种自适应的Canny边缘检测算法［J］.南京邮电大学学报（自然科学版），2018（3）：72-76.

表 3-8 数值型单元信息识别规则

类型	识别规则	举例
基础数值	时间+主体（+从/在/以/选取+来源+回收/收集/采集/发放/获取/选取/提供/下载/进行/达到/共计/有/得/为……）+数值（+单位）+指标	截至2015年12月14日，上海市政府数据服务网发布了来自41个部门、涉及11个领域的803个数据集。

续表

类型	识别规则	举例
过程数值	时间 + 主体（+ 最大值 / 最小值 / 权重 / 阈值 / 维度 / 临界值 / 相似值……）+（达到 / 为 / 非 / 介于 / 处于 / 取大于 / 小于 / 等于……）+ 数值（+ 单位）	2000 年、2005 年、2010 年 和 2015 年的 GWR 模型拟合系数 R2 分别为 0.984、0.915、0.617、0.635，表明模型拟合度较优。
结果数值	时间 + 主体 + 指标（+ 为 / 达到 / 仅有 / 下降 / 上升 / 提高到 / 大概为 / 最低为……）+ 数值（+ 单位）	到 2012 年的海洋经济相关研究已达 478 篇，海洋经济成为目前国内研究的一个热点，一定程度上体现了研究的热度与政策导向的关系。

举例文献来源：

①黄如花，王春迎．我国政府数据开放平台现状调查与分析［J］．情报理论与实践，2016（7）：50-55.

②王海力，韩光中，谢贤健．基于 DEA 模型的西南地区耕地利用效率时空格局演变及影响因素分析［J］．长江流域资源与环境，2018（12）：2784-2795.

③韩增林，李彬，张坤领，等．基于 CiteSpace 中国海洋经济研究的知识图谱分析［J］．地理科学，2016（5）：643-652.

单元信息的自动抽取流程（图 3-3）主要包括如下步骤：

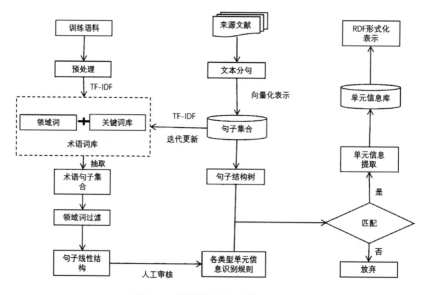

图 3-3　单元信息自动抽取流程

第一步，分别从 10 种学科门类的核心期刊中选取近十年被引量较高的学术论文作为研究对象，共计 200 篇论文，用它们构成训练语料库，并保存为纯文本的格式。

第二步，将训练语料进行自动分句、分词，以及去停用词、噪声词等去噪处理，并提取出文中的摘要、关键词以及正文。

第三步，利用词频逆文档频（TF-IDF）算法从训练语料中提取关键词形成词库，并在网络上搜集相关领域词表，补充到关键词库，共同构成术语词库。

第四步，依照术语词库，对语料库中包含术语的句子进行抽取，并且结合领域词表清洗过滤句子中的领域词，从而得到句子的线性结构。

第五步，通过人工审核、校对，对各种单元信息的类型进行句式结构的合并归类汇总，最终生成各类型单元信息的识别规则。

第六步，对学术论文构成的来源文献进行自动分句等文本预处理，利用向量空间模型将文本进行形式化的表达。

第七步，首先将单元信息的识别规则生成字符串形式的正则表达式，然后用该表达式匹配来源文献中句群（段落）的词序，定位到单元信息所在的句群（段落），从而实现单元信息的自动抽取，并进行存储，形成单元信息库。

最后，以 RDF/XML 的形式表示单元信息，从而为后续知识图谱构建、智能推荐、信息检索等应用提供更丰富的语义信息支持。

3.4　单元信息组织方法

3.4.1　单元信息组织的特点

单元信息组织是以单元信息为单位进行的序化、揭示、存储与检索等过程。单元信息同时具有知识单元和文献单元的某些特点，其知识组织特点如下：

（1）注重对知识内容的揭示。传统的以文献单元为基础的信息组织注重对文献载体外在特征的描述，而对文献中所含的知识内容揭示不足。而单元信息是从文献中提取的有用的知识，是直接对知识内容特征的揭示，因此比文献单元的组织在内容揭示上更加深入。

（2）注重知识间关系的揭示。单元信息组织属于知识组织的范畴，而知识组织的核心是将知识实体中的知识因子（概念）和知识关联（关系）揭示出来，对这些概念和关系进行符号化的描述与表示。

（3）注重与文献单元的联系。由于单元信息是从文献中抽取出来的片段信息，而对文献完整的知识内容的理解又与上下文语境密切相关，单元信息无法取代文献资源本身，因此，对单元信息的组织离不开对来源文献的揭示。

3.4.2　单元信息组织的方式

知识组织分为基于知识元素的组织和基于知识关联的组织两类。单元信息的知识组织包括单元信息的资源组织和单元信息的关联组织两方面。

单元信息作为一种资源类型，需要对其特征进行描述和定位，揭示其内容特征和外部特征，如名称、关键词、类型、来源文献等信息。根据单元信息的结构特点可以设计出单元信息的描述模型，实现对单元信息内部特征和外部特征的描述。单元信息的关联包括单元信息的内部关联和单元信息与外部的关联两种。单元信息之间的关系主要有三种类型，即同源关系（来源于同一文献的单元信息）、同名关系（相同名称的单元信息）和相关关系（基于主题的单元信息关系）；单元信息与外部文献之间的关系是"包含"与"被包含"的关系，每一条单元信息都来源于某一文献。

单元信息的关联也可分为基于主题的内容关联和基于特征的外部关联两种。其中，单元信息的内容关联主要通过主题标注实现。主题词是规范化的词语，能够揭示出单元信息所属的学科领域，代表文献的核心内容，通过主题词之间的关联可以揭示单元信息内容之间的关联，挖掘知识间的隐性关联关系。单元信息的外部关联常出现在相同名称、相同主题、相同来源的单元信息之间，单元信息与来源文献之间的关联也属于单元信息的外部关联。

3.5　本章小结

本章主要阐述了单元信息的基本理论，首先，对单元信息的概念进行了界定，并对已有概念"知识单元""知识元"进行深入辨析，提出了单元信息的载体和内容类型。其次，在调研现有知识单元表示模型的基础上，提出了单元信息的描述模型以及一种基于本体的单元信息语义模型，介绍了单元信息的结构及其中存在的语义关系、单元信息的鉴选原则和抽取方法，着重对单元信息的类型进行分析，归纳出不同类型的单元信息比较有共性的表达方式及其描述规则，并给出一些详细示例。然后，依据单元信息描述规则识别来源文献中的各类型单元信息。最后，对单元信息组织特点和方法进行了分析。

4 单元信息组织体系构建研究

4.1 单元信息组织体系的内涵

4.1.1 单元信息组织体系的定义

知识组织系统（Knowledge Organization System，KOS）是对内容概念及其相互关系进行描述和组织的机制，可对各信息对象按照知识内容和知识结构进行描述、连接和组织[1]。曾蕾将各类知识组织系统分为词单、元数据模式、分类模式和关系模式4种[2]。她认为，知识组织系统包括一般意义上的同义词环或术语表，传统图书馆建立在文献单元基础上的分类法、叙词表，搜索引擎的分类表与自动扩词表，网站导航辅助资源浏览的分类结构，用于信息系统互操作的一体化语言系统，网络环境下以概念为基本单元的本体，以及语义网络和知识图谱[3]。

单元信息组织体系（Unit Information Organization System，UIOS）是指对单元信息的知识内容和相互关系进行描述和组织的机制，该机制利用知识组织系统对抽取的单元信息按照知识内容和知识结构进行描述、连接和组织，实现单元信息间的语义关联。

---

① 张晓林,李宇.描述知识组织体系的元数据[J].图书情报工作,2002(2):64-69.

② 曾蕾.超越时空的思想智慧和理念——有感于张琪玉教授创建情报语言学学科领域之巨大意义[J].图书馆杂志,2014(9):11.

③ 曾蕾.用于标引浏览检索的语义工具[EB/OL].[2019-09-01].http://www.libnet.sh.cn/upload/htmleditor/File/071213120416.pdf.

4.1.2 单元信息组织体系的特点

（1）知识组织对象复杂多样。大数据环境下，面对复杂多样的文献类型和数据结构，单元信息在类型和格式方面呈现出多样性。单元信息不仅包括文本型单元信息，还包括图片型、音频型和视频型单元信息；而且包含 TXT、JPG、MP4 等复杂多样的格式。

（2）知识组织手段自动化和语义化。单元信息是隐含在文献中的知识片段，大数据环境下，面对海量的文献信息，单元信息的抽取和标注必然要借助计算机技术手段实现自动抽取和标注。以本体和关联数据为核心的语义网技术是实现知识组织的有效手段。

（3）知识组织结果开放共享。语义网环境下的知识组织通过采用知识图谱和关联数据技术，可实现对单元信息的语义检索和开放互联。

4.2 单元信息组织体系建设框架

4.2.1 单元信息组织体系建设总目标

构建单元信息组织体系的总目标是通过采用国际先进的知识组织技术和方法，从海量数据中获得有效单元信息，实现知识的有效组织和深度关联，提供基于语义的知识检索与发现服务。单元信息组织体系总框架如图 4-1 所示。

单元信息组织体系建设总目标具体包括以下三方面内容：

（1）构建细粒度文献知识组织方法体系。单元信息的实质是文献中的知识单元，属于细粒度文献。构建单元信息组织体系就是构建细粒度文献资源知识组织体系。单元信息组织体系由知识资源体系（又称"资源子体系"）和知识组织方法体系（又称"方法子体系"）构成，运用知识组织方法体系中的技术方法，对单元信息资源体系中的各种类型资源进行知识揭示、有序化组织和关联重组，实现单元信息的可视化显示，以及对单元信息与其他相关资源进行语义关联，实现细粒度文献资源的揭示。

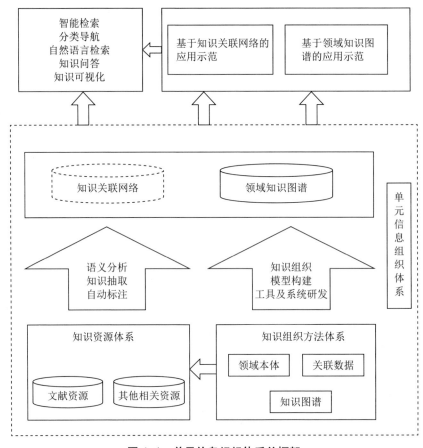

图 4-1　单元信息组织体系总框架

（2）实现海量文献信息的自动处理和智能检索。开发基于单元信息组织体系的海量文献信息自动处理系统和基于语义理解的智能检索系统，对海量文献中的知识单元进行自动抽取、有效组织、深度揭示和知识化关联，构建基于单元信息的知识关联网络，有效提升知识服务能力。

（3）开展面向特定领域的知识组织应用示范。依托单元信息组织体系，开展面向特定领域的知识关联、语义推理、知识挖掘等知识服务的应用示范研究。充分发挥领域本体、关联数据、知识图谱在知识组织、知识关联、语义推理、知识挖掘等方面的优势，搭建面向特定领域的知识服务平台，开展针对特定领域单元信息组织体系的智能检索、知识导航、动态可视化展示等深层次知识服务研究与建设。

4.2.2　单元信息组织体系建设的内容

单元信息组织体系建设包括两部分内容：资源子体系建设和方法子体系建设。其中单元信息资源子体系是建设单元信息组织体系的基础，主要通过利用大数据和人工智能技术来实现对海量信息资源知识的抽取，获得有价值的单元信息资源。方法子体系是单元信息组织体系建设的关键内容，主要是利用各类知识组织技术方法，形成一套适用于对单元信息进行标引和检索的方法集合。

4.2.2.1　单元信息组织体系资源子体系

单元信息组织体系资源子体系包括单元信息资源、来源文献以及其他相关资源，如图 4-2 所示。其中来源文献是资源体系建设的基础，包括各类实体文献资源，以及数据库和网络上获取的信息资源。单元信息资源是资源体系建设的主体，包括各种载体类型的单元信息，如文本型、图片型和音视频型。其他相关资源包括来源文献以外但与单元信息有关联的资源，比如人名规范、地名规范等。

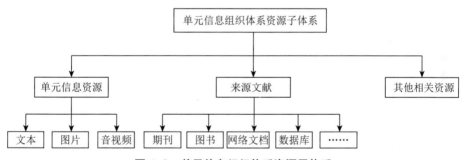

图 4-2　单元信息组织体系资源子体系

4.2.2.2　单元信息组织体系方法子体系

单元信息组织体系方法子体系主要是指适用于单元信息组织流程的技术和方法，主要包括本体、关联数据和知识图谱，如图 4-3 所示。

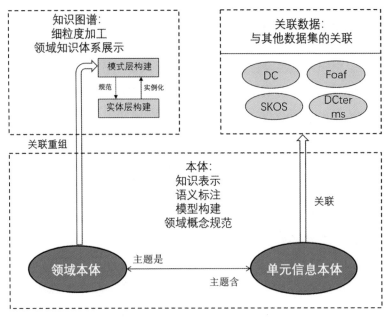

图 4-3　单元信息组织体系方法子体系

本体作为语义网的关键技术之一，不仅可以在不同层次上对领域内重要概念及概念间的关系进行定义，还可对知识进行有效组织和描述，是对单元信息进行语义标注的重要环节。在语义网环境下，以本体为基础构建单元信息语义标注模型，可使被标注后的单元信息由原始的、缺乏明确形式化定义的信息转化为可被机器理解和处理的信息。同时，利用本体组织单元信息，还可对单元信息内蕴含的隐性知识进行深入挖掘和优化整合，为实现单元信息语义层面的知识组织提供数据基础，为实现单元信息的语义推理与检索提供可能。同时，领域知识图谱的模式层构建也需要相应的领域本体进行支撑。

作为轻量级的语义网实现方式，关联数据为知识组织的深度序化提供了语义化的技术、方法、工具和实现路径。将关联数据技术引入单元信息组织体系方法子体系中，既符合语义网的发展趋势，也是知识组织价值的体现。本书在分析资源结构、知识内容、关联特点的基础上，构建单元信息资源关联模型，能有效揭示单元信息与其他相关资源的语义关联关系，初步实现不同领域多源异构知识的融合与集成。本书通过单元信息关联数据集的构建与发布，有效链接到各种潜在的，特别是具有隐性关系的外部资源，从而达到发现知识的目的。关联数据技术的运用是知识组织规范化描述、语义化揭示、多维度关联的有效途径，对优化知识服务起着关键性作用。

知识图谱是语义网技术之一，提供了一种从海量文本和图像中抽取结构化知识的方法，知识图谱与大数据技术、深度学习技术相结合，正在成为推动人工智能发展的驱动力。作为知识组织的一种手段，知识图谱的构建在知识的智能抽取、细粒度加工与智慧化应用方面具有明显的优势。其通过实体识别与关系抽取等技术完成对知识的细粒度加工与转化，对单元信息中蕴含的实体进行语义关联，并借助可视化技术展现知识组织的加工粒度以及知识脉络，从而使得对单元信息的描述与揭示由外部的宏观层面发展到内部的微观层面，最终实现以知识为基础的导航、搜索、问答等功能，为智慧图书馆文献资源的精细化、智能化组织提供底层组织管理模型。

4.3　单元信息组织体系资源子体系建设

4.3.1　文献资源建设

文献资源是单元信息组织体系资源子体系建设的基础，包括图书、期刊论文、专业词典、网络文档等。资源子体系建设需要根据不同信息资源类型确定其资源选取倾向，在基本确定的信息资源范围内，进行资源的收集和筛选工作。本节以图书和期刊为例介绍优质文献资源的获取方式。

4.3.1.1　图书资源获取

优质图书资源的获取来源为核心出版社。核心出版社是指在某一学科领域图书出版中具有权威性、起主导作用的出版社，具有出版数量较大和质量较高等特点，所出文献有较高的利用率并对读者有较大的影响。这些出版社能较好地把握学科发展的状况，能及时编辑出版反映本学科最新研究成果及前沿研究状况和发展趋势的图书[①]。

目前业界测定核心出版社的方法主要有帕累托法、布拉福德区域分析法、引文分析法、馆藏调查法、基于图书借阅率测定法、基于读者荐购测定法等

---

① 钟建法."核心出版社"采购的理论和方法［J］.图书馆建设,2003（4）:43.

多种方法。帕累托法即"二八定律"，根据20%的出版社出版了某一学科领域80%的著作来确定核心出版社。比如，要确定某学科领域图书的核心出版社，可以将该学科图书的来源出版社按照出版图书的数量进行降序排列，从前往后累加图书出版数直到占比达到出版总数的80%，这80%的图书的来源出版社为该学科的核心出版社。有研究人员通过汇文系统的统计模块对2010—2018年某大学图书馆教育学G4类中文纸质图书的入藏情况及图书来源出版社进行了统计分析，涉及450家出版社，共计13885种、15146册图书，再利用"二八定律"选取了90家出版社，来源于这90家出版社的图书有11818种、12938册[①]。

布拉福德区域分析法最初是用来表述学术论文在期刊中的分布规律，即"对某一主题而言，将科学期刊按登载相关论文减少的顺序排列时，都可以划分出对该主题最有贡献的核心区，以及含有论文数量与之相等的几个区。这时核心区与相继各区的期刊数量成$1：m：m^2……$的关系"[②]运用布拉德福区域分析法测定某一学科图书核心出版社，一般以某一种数据源为依据，比较全面的书目来源有《全国新书目》、《全国总书目》、CALIS中文图书联合目录、馆藏目录等。

引文分析法是按照文献在其他一次文献中的被引频次将出版社排序，据此确定核心出版社的方法。计算文献的被引频次指标主要依赖大型的引文数据库。2006年Google Scholar扩展到中文学术文献领域，提供文献的被引用情况，迅速成为文献被引频率的重要来源渠道，基于Google Scholar的引文分析法在实践中多有应用。另外，还有的实践是基于CSSCI、万方数据、读秀、中国知网、"超星发现"等知识服务平台的图书引文数据来进行核心出版社的测定。

不同的测定方法定量和定性不同，有其各自的优缺点，比如布拉德福区域分析法主要从图书的数量角度分析，却忽视了图书的学术质量；而引文分析法在统计每种图书的被引次数时充分考虑了图书的学术质量，能提高测定的科学合理性。在实际的核心出版社的测定中，通常需要将多种方法搭配使用。

如可以先利用帕累托法筛选出重要的出版社，在此基础上利用布拉德福区

---

① 张春燕.精准采购策略研究——以华南师范大学图书馆为例[J].河南图书馆学刊,2020,40(3):36.

② 蒋志强,徐文贤.关于"核心出版社"的理论探索[J].图书情报工作,2002(4):63.

域分析法来确定核心出版社；或者利用引文分析法确定核心书目，再通过布拉德福区域分析法对核心书目的出版社进行划分，进而得到核心出版社[①]。也有研究人员引入基于科研人员研究成果数量和质量双重指标的 h、g 指数的评价指标，对核心出版社的出版优势及特点进行进一步分析和评价。还可以利用层次分析法等方法搭建一套核心出版社评价体系，层次分析法是将与决策有关的元素分解成目标、准则、方案等层次，在此基础之上进行定性和定量分析的决策方法。比如结合出版社的专业出版资源优势、社会对出版社的评价，以及图书流通数据等多方面确定评价指标，进一步细化核心出版社的测定结果。

4.3.1.2 期刊资源获取

期刊资源获取主要来源于核心期刊。某学科的核心期刊是指发表该学科论文数量较多，文摘率、引用率、用户利用率相对较高，在本学科领域中学术水平较高，影响力较大的期刊。

我国科技界从二十世纪六七十年代开始引进核心期刊的理论与遴选方法，到九十年代，推广到人文社会科学界。目前国内主要有六大核心期刊遴选体系，包括北京大学图书馆编制的《中文核心期刊要目总览》、南京大学中国社会科学研究评价中心编制的《中文社会科学引文索引》（CSSCI）、中国科学院文献情报中心编制的《中国科学引文数据库》（CSCD）、科技部中国科技信息研究所的《中国科技论文与引文数据库》（CSTPCD）、武汉大学中国科学评价研究中心的《中国学术期刊评价研究报告》（RCCSE）、中国社会科学院中国社会科学评价中心发布的《中国人文社会科学期刊 AMI 综合评价报告》。

《中文核心期刊要目总览》是由北京大学图书馆及北京十几所高校图书馆众多期刊工作者及相关单位专家参加的研究项目，项目研究成果以印刷型图书形式出版，目前已经出版了 9 版，最新版本为 2020 年版。《中文核心期刊要目总览》的特点是评定学科范围大，即涵盖自然科学又涵盖社会科学，评定指标较多，核心期刊的数量也相对较多。

《中文社会科学引文索引》（CSSCI）主要是提供中文人文社会科学领域以期刊／集刊为载体的成果产出状况和学术引用情况，收录了包括法学、管理学、经济学、历史学、政治学等在内的 25 大类的 500 多种学术期刊。

---

① 高琦,王静芬."核心出版社"研究述评[J].科技情报开发与经济,2013,23（2）:151.

"中国科学引文数据库"（CSCD）收录我国数学、物理、化学、天文学、地学、生物学、农林科学、医药卫生、工程技术、环境科学和管理科学等领域出版的中英文科技核心期刊和优秀期刊，2021—2022 年度中国科学引文数据库收录来源期刊 1262 种，其中中国出版的英文期刊 245 种，中文期刊 1017 种。

"中国科技论文与引文数据库"（CSTPCD）是由中国科学技术信息研究所经过严格的定量和定性分析选取的各个学科的重要科技期刊，学科范畴主要为自然科学领域，是目前国内比较公认的科技统计源期刊目录。2020 年 CSTPCD 收录中国自然科学领域 1952 种中文期刊和 132 种英文期刊，收录社会科学领域期刊 397 种。在 CSTPCD 的数据基础上，出版《中国科技期刊引证报告（核心版）》自然科学卷和社会科学卷。

《中国学术期刊评价研究报告》（RCCSE）目前已经推出 6 版，RCCSE 第 6 版包括对中文学术期刊的认定和评价两个部分，报告共认定中文学术期刊 6390 种，并将期刊分为 6 个等级。其中，权威期刊（A+ 等级）366 种，核心期刊（A 和 A− 等级）1693 种，准核心期刊（B+ 等级）1914 种，一般期刊（B 等级）1847 种，较差期刊（C 等级）570 种。

《中国人文社会科学期刊 AMI 综合评价报告》以中国社会科学评价研究院自建的《中国人文社会科学期刊引文数据库》（CHSSCD）为期刊源，在进行 2018 年度 A 刊评价时，对我国发行的人文科学类、社会科学类和综合类 3 个学科大类共 23 个学科类和 33 个学科子类的 1291 种学术性期刊进行评价，按照期刊学术水平、综合评价得分及实际工作情况依次划分为顶级、权威、核心、扩展及入库五个等级。

4.3.2　单元信息资源建设

4.3.2.1　单元信息类型

单元信息从文献中精选而来，单元信息的抽取方式是按资源类型进行区分的，各类型单元信息抽取示例如下：

1. 文本类单元信息：中医名家

"龙之章认为人情和气运均是致病的内外因，因此吾人需在此两处下功夫。如疾病恢复到一定程度，需要自我饮食调节和不患得患失的心态，无需再针药攻伐，而预防疾病的发生则需从养心、食补和顺应四时。"①

2. 图片类单元信息：曲池穴部位按压图

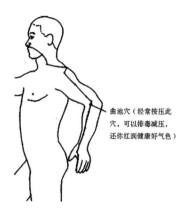

曲池穴（经常按压此
穴，可以排毒减压，
还你红润健康好气色）

图 4-4　曲池穴部位按压图

图片来源：马福挺. 大道无形——彻底学会经络养生［M］. 北京：中国中医药出版社，2011：88.

3. 视频类单元信息：秋季养生

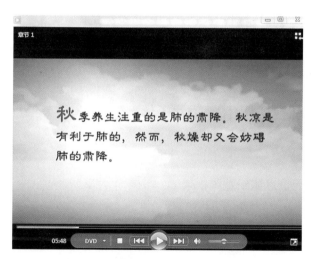

图 4-5　视频类单元信息：秋季养生

图片来源：傅杰英. 中医五脏养生［CP/DK］. 厦门：鹭江出版社，2009.

---

① 梁万山，郑洪.《蠡子医》病因学说与养生启示初探［J］. 中国中医基础医学杂志，2018（2）：158.

4.3.2.2 单元信息抽取与存储

由于文本资源和图像、音视频资源的结构有较大差异，各种单元信息的抽取方法也存在差异。第三章对文本单元信息抽取规则进行了论述，此处不再赘述。通过人工抽取和自动抽取，所获得的单元信息集合及其元数据都需要按照一定的数据结构存储。单元信息描述模型的元素包括名称、标识符、创建者、主题词、来源文献、类型、格式 7 个元素。上述单元信息著录如表 4-1 所示。

表 4-1 单元信息著录示例

名称	创建者	主题	来源文献	标识符	类型	格式
中医名家	梁万山，郑洪	龙之章	梁万山，郑洪.《蠢子医》病因学说与养生启示初探.中国中医基础医学杂志，2018（2）：157-158	URI	观点类	txt
曲池穴部位按压图	马福挺	曲池穴，养生	马福挺.大道无形——彻底学会经络养生.北京：中国中医药出版社，2011	URI	方法类	jpeg
秋季养生	傅杰英	肺部，四季养生	傅杰英.中医五脏养生.厦门：鹭江出版社，2009	URI	事实类	mp4

4.4 单元信息组织体系方法子体系建设

4.4.1 单元信息组织整体框架

单元信息组织的目标是在语义网标准技术和粒度原理指导下，通过本体建模、知识图谱概念设计和关联数据组织模型构建等方法对单元信息的特征描述、关系和属性揭示，以实现单元信息资源体系中不同粒度、多种维度知识单元的语义化组织、关联及深层次挖掘，并促进知识的动态化更新，为实现语义关联的知识发现、查询浏览、可视化显示、知识问答等功能提供底层源数据的组织管理模型。基于上述构建目标，本书提出单元信息组织整体框架，如

图 4-6 所示，该框架分为 3 个层面，主要包括深层次知识加工、多维度语义关联、智慧化知识服务。

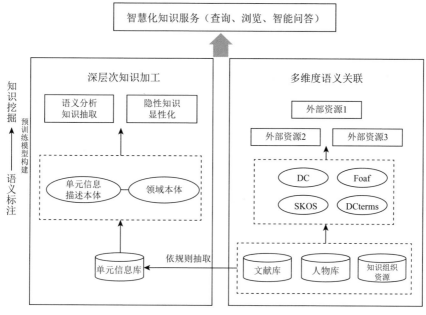

图 4-6　单元信息组织整体框架

首先是深层次知识加工。即通过本体建模和知识图谱概念设计的方法，对单元信息进行挖掘、加工、整理和有序化重组，进而完成对单元信息中蕴含的领域知识的深入挖掘和优化整合。其中，单元信息库主要是根据 3.3 小节中的方法从原始文献资源中通过整理、节选、除噪、规则抽取等技术形成的单元信息集合。原始信息缺乏明确的形式化定义，需要在分析单元信息资源特征、知识结构、内容特点基础上结合领域本体，构建本体标注模型。本书采用 OWL语言，利用本体标注模型对单元信息进行资源描述，构建人工标注样本，选取合适的命名实体识别和语义关系抽取方法对单元信息开展自动抽取、关系发现，从知识层面将单元信息中蕴含语义的、有价值的领域知识抽出，并通过实体消歧、实体对齐等过程进行知识融合，使隐性知识显性化，进而构成单元信息领域知识图谱。

其次是多维度关联。即对单元信息资源体系中不同维度的知识单元（如来源文献、人物、知识组织资源等）进行分析和确定的基础上，通过构建关联数据语义组织模型，为关联数据的创建与发布提供数据基础。在多维度关联层面，本书通过继承、复用现有语义描述框架及本体设计单元信息资源关联模型，定义单元信息资源体系中的类、数据属性和对象属性，并在此基础上基于关联数据原则，采用 HTTP URI 标识所有资源，最大限度地复用已有本体或词汇表对不同维度的知识单元进行规范描述；通过单元信息资源关联模型以及各种技术支撑工具，实现对单元信息关联数据集的构建、关联与发布；依据语义关联模型转化的 RDF 数据集之间生成的语义链接，实现单元信息与来源文献、人物资源以及网络开放的相关资源的语义关联，从而达到对不同领域多源异构知识的有效集成。

最后是智慧化知识服务。智慧化知识服务具有普适性，适用于各种智能服务应用场景，如单元信息浏览、图谱化展示、知识发现、智能检索与查询、智慧知识问答等，是单元信息组织服务于用户，进行文献资源知识增值、满足用户知识需求的最终呈现。

4.4.2 单元信息组织语义模型构建

构建以单元信息为基础的多维文献知识网络，其核心步骤包括：一是在本体的指导下，对单元信息进行语义标注，将非结构化的单元信息转化为规范的知识表示，实现单元信息的语义关联，为上层资源提供语义检索；二是根据关联数据特点，通过对单元信息的特征及各类实体间的相互关系进行语义化、层次化、立体化的描述，建立单元信息与其他实体间的语义关联关系，并采用关联数据原则进行发布，实现以单元信息为核心的网状知识图谱。

4.4.2.1 单元信息本体标注模型

单元信息模型的形式化表示主要是基于 XML 和基于本体的方法。基于本体的单元信息语义标注一般要基于某个领域。根据应用目标不同，可将本体在本书中的应用分为单元信息表示本体和领域本体。单元信息表示本体提供了一种知识表示框架，以层次表达的方式规范描述单元信息的内容、出处、元数据等，实现了知识的形式化表示。领域本体提供了其所在领域知识的标准性描述，即领域知识的元数据或规范术语集，可在内容层面丰富领域资源的语义关联关系。采用两种本体相结合的方式为单元信息的语义标注提供系统的标注框架，能更好地促进隐性的知识挖掘。根据上述内容，单元信息本体标注模型构建主要包括三方面工作：单元信息表示本体设计、领域本体构建以及两者之间的关联表示，如图 4-7 所示。

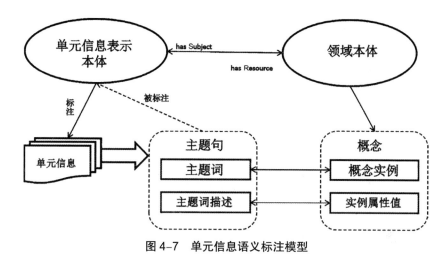

图 4-7 单元信息语义标注模型

3.2.2 已阐述了单元信息表示本体的构建方法。本书采用 Protégé 工具及本体描述语言 OWL 建立领域本体，通过 Jena 技术完成对领域本体的解析，从而实现计算机的访问、操作和语义推理。领域本体的建立应尽可能地重用已有知识资源来获取领域概念，如叙词表、分类表以及相关本体等。上述各本体构建后，单元信息表示本体使用对象属性 has Subject 实现从单元信息到领域本体的关联，领域本体使用对象属性 has Resource 实现从概念到单元信息的关联，从而将单元信息实例中的主题词同领域本体中的概念实例关联起来，通过领域本体构建的丰富语义关联，利用推理机挖掘知识间的隐性关联。此模型的优点在于，替换任意单个本体不会对其他相关本体产生影响，是一种更为通用的单元信息标注模型，同时满足领域概念动态扩展的需求。经过本体标注和映射的单元信息链接成具有本体语义的知识网络，存储于知识库中，为实现知识推理和语义检索提供了基础。

4.4.2.2 单元信息资源关联模型

基于本体的语义标注虽可实现对单元信息的细粒度组织和语义标注，但不支持资源本身的开放获取。关联数据作为语义网中使用 URI 和 RDF 发布、分享、连接各类数据、信息和知识的最佳实践，能满足资源间广泛关联与开放的知识组织需求，帮助用户挖掘不同领域的知识资源，建立多维度的知识链接。

关联数据采用 RDF 数据模型，RDF 三元组的 URI 采用来源于各种规范词表及本体的 URI 来标识知识对象，从而实现跨领域资源实体的规范性描述，为实现不同领域、不同来源、不同系统间资源实体的链接奠定了基础，具有较高的可获取性[①]。

由于关联数据本身不具备语义功能，因此需要应用已有的成熟的词表或本体作为语义描述框架。单元信息资源关联模型是通过对单元信息资源体系中的各类实体的描述项进行分析和抽象，找出语义关联性，定义类及类的属性，尽可能复用现有广泛使用的元数据或本体相关词汇对各类属性进行规范化描述（如 DC、FOAF、SWRC），并对特定需求的属性进行扩展。属性包括表达概念之间关系的对象属性和表达概念特征的数据属性，通过对象属性与其他实体类进行外部关联，建立各类型资源间的语义关联。根据单元信息描述模型，本章主要抽取了单元信息（ui：UnitInformation）、来源文献（ui：ResourceDocument）、相关人物（foaf：Person）3 个核心实体类初步建成单元信息资源关联模型，属性和类间关系如表 4-2 所示。

表 4-2 单元信息核心类部分属性

类名	标识	数据属性	对象属性
单元信息类	ui：Unit Information	UID（dcterms：identifier） 题名（dcterms：title） 类型（ui：type） 格式（dcterms：format） 内容（bf：content）	创建者（dcterms：creator） 主题（dcterms：subject） 来源文献（dcterms：isPartOf）
来源文献类	ui：Resource Document	RID（dcterms：identifier） 文献类别（dcterms：type） 题名（dcterms：title） 出版者（dcterms：publisher） 出版日期（dcterms：date） 发布时间（dcterms：date Accepted） 创建时间（dcterms：date Submitted）	单元信息（dcterms：hasPart） 创建者（dcterms：creator） 主题（dcterms：subject）

---

① 翟姗姗.基于关联数据的非物质文化遗产资源聚合研究［D］.武汉：华中师范大学,2014.

类名	标识	数据属性	对象属性
人物类	foaf：Person	PID（dcterms：identifier） 姓名（foaf：name） 性别（foaf：gender） 职称（foaf：title） 从业单位（swrc：affiliation）	研究方向（foaf：topic_interest） 作品（swrc：publication） 单元信息（foafx：createdUI）

为以上实体类及属性，添加如下关联条件：

单元信息类、来源文献类的属性主要复用 DCMI 的部分核心元素，通过互逆属性 dcterms：hasPart 和 dcterms：isPartOf 描述出来源文献与单元信息间的整体与部分关系，单元信息类、来源文献类通过对象属性 dcterms：creator 与人物类建立著者关联。

人物类复用 foaf：Person、swrc：FacultyMember 的部分核心词汇进行语义描述，通过扩展属性 foafx：createUI 和对象属性 swrc：publication 分别建立与单元信息类、来源文献类的作品关联，也可通过 foaf：topic_interet 描述著者的研究领域，与主题概念建立关联关系。

此外，本书采用 SKOS 将知识组织系统（如主题词表、术语表、分类法以及各领域叙词表）进行语义描述，其概念主题可通过 dcterms：subject 属性与单元信息、来源文献建立语义关联，将主题概念嵌入相关实例中，使各层次知识单元在主题层次上关联起来。同时，主题词表等通用词表可通过 SKOS 词表中定义的 skos：broadMatch、skos：closeMatch、skos：exactMatch、skos：mappingRealtion、skos：narrowMatch 词汇链接实现与领域本体概念间的映射。

单元信息资源关联模型的构建思路实现了从粗粒度的来源文献到细粒度的单元信息，从二维知识组织层次到多维知识组织网络的演化，全方位展现单元信息资源体系的语义关系。类间语义关系如图 4-8 所示。

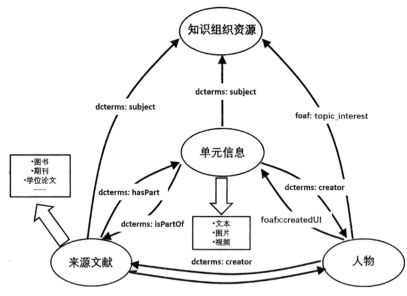

图 4-8 单元信息资源关联模型

单元信息资源关联模型的每个概念节点均需添加实例，利用定义好的类和属性来描述具体的资源对象，形成语义元数据的关联网络，通过文本、图片、视频等形式，充分展现了单元信息与来源文献、领域概念、人物之间的语义互联关系，用户可利用 RDF 语义链接，快速查找、获取相关资源。

本书建立的单元信息资源关联模型是一种较为一般的模型，当选定某一具体领域时，可根据领域资源特点增加新的实体关系，构建语义化程度更高的关联模型。

4.4.3 领域本体构建

构建领域本体是单元信息组织方法的核心。所谓领域本体是描述指定领域知识的一种专门本体，它给出了领域实体概念及相互关系、领域活动以及该领域所具有的特性和规律的一种形式化描述[①]。构建领域本体的目标在于获取、描述和表示相关领域的知识，建立该领域知识的共同理解，确定领域内共同认可的词汇，确定该领域特定的概念定义和概念之间的关系，提供该领域的主要

---

① 白宁超.领域本体构建方法概述［EB/OL］.［2022-04-28］.http://www.uml.org.cn/ai/202004271.asp?artid=23215.

理论和基本原理，达到人机交流的效果。领域本体构建主要包括本体词汇和本体关系构建。建立领域本体是实现单元信息语义标注的关键，同时领域本体作为知识图谱的模式层，构建在数据层之上并用来约束数据层。

本体构建是一项复杂的系统工程，需要领域专家和信息技术人员协作才能完成。领域本体构建流程如图 4-9 所示。

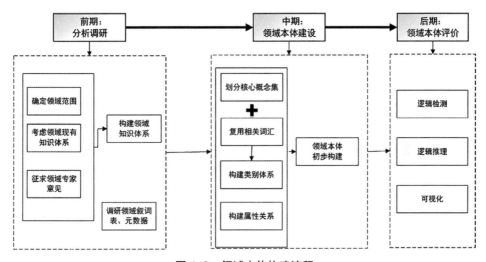

图 4-9　领域本体构建流程

领域本体构建流程主要分为前期、中期和后期三个阶段，这三个阶段的具体工作内容如下：

（1）前期工作主要是分析调研。包括选定领域本体的专业领域，考察现有与该领域相关的可借鉴的本体系统，确定领域本体来源，建立领域知识体系。

（2）中期工作主要是领域本体的建设。具体包括：在需求分析基础上，以领域相关研究文献为基础，明确领域知识本体的核心概念集；对核心概念集依照自顶向下的原则进行扩展，建立等级层次关系；定义本体的属性，包括对象类型属性和数值类型属性；定义属性的分面，主要是进一步定义属性值的类型，属性的定义域和值域以及属性之间限制关系、传递关系等；创建实例。

（3）后期工作主要是领域本体评价。包括逻辑检测、推理和可视化。在最后阶段可用推理机制对该本体中的概念及实例进行一致性和冲突检测，以确保逻辑上的正确性。此外，领域知识之间其他的隐形关系的挖掘，可以利用本体系统中的推理功能，将隐含其中的知识显性化，发掘本体的知识增值功能。

4.4.4 单元信息领域知识图谱构建

领域知识图谱的构建是支撑智慧服务的重要基础。本书借助深度学习等相关技术完成对单元信息的细粒度加工与转化；借助图形技术可视化展现单元信息组织体系的加工粒度以及领域知识脉络，从而使得对单元信息的知识揭示由宏观层面深入到微观层面。单元信息领域知识图谱的构建流程包括从来源文献中获取单元信息，根据领域知识图谱的构建方法，对领域知识进行建模，从单元信息中进行实体识别、关系和属性的抽取，并将实体链接进行存储与融合，最后形成单元信息领域知识图谱。同时为保证图谱的时效性，需对图谱知识进行更新。单元信息领域知识图谱构建流程如图4-10所示。

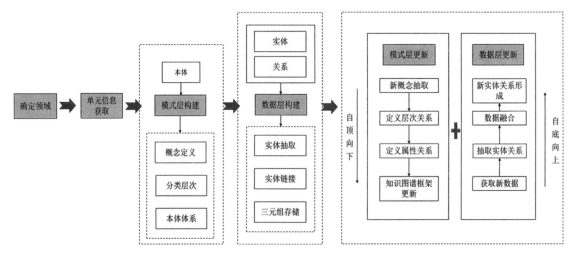

图 4-10　单元信息领域知识图谱构建流程图

单元信息知识图谱的构建分为五步：

第一步，确定领域及选择数据源。确定领域就明确了知识组织的对象和范围，是知识图谱构建和数据来源选择的基础。

第二步，单元信息获取。根据所确定的领域，对资源体系通过人工与机器相结合的方式进行单元信息获取。单元信息的自动抽取根据前文中详述的方法，设计单元信息的 Schema 规范，并采用正则匹配的方式抽取符合 3.3.2 小节中各类型单元信息识别规则的句子，从而形成单元信息库。

第三步，知识图谱模式层构建。模式层构建是知识图谱构建过程中最核心的步骤，其主要目标是用知识图谱的形式对领域本体及关联进行重新组织及管理。领域知识图谱通常有着严格而丰富的数据模式，对该领域知识的深度和准确性有着很高的要求。领域本体的定义一般采用自顶向下的构建方式，即从最顶层概念逐步向下细化，形成结构良好的分类学层次，然后将实例添加到概念中，具体流程如上述 4.4.3 小节所述。

第四步，数据层构建。数据层构建的主要任务是构建单元信息中蕴含语义的实体、关系、属性等知识的三元组。根据模式层（本体）定义好的知识层次体系，从已抽取的单元信息库中对单元信息进行实体识别和关系抽取。实体和关系的自动抽取是通过模型学习手工标注样本并结合领域本体定义完成，最后将识别和抽取出的实体链接存储到知识库中，进而实现数据层的填充，形成语义完整的知识体系。

第五步，知识更新。如 3.3.2 节所述，单元信息的自动抽取是个动态的过程。作为单元信息领域知识图谱的数据源，单元信息库随着单元信息的自动抽取也在不断增量更新。单元信息领域知识图谱的动态更新从逻辑角度分析，主要包括模式层更新和数据层更新。模式层更新则采用自顶向下的方式，通过抽取新概念，重新定义层次关系和属性关系，进而对单元信息领域知识图谱的概念框架进行调整。数据层更新主要采用自底向上的更新，针对单元信息库中新增的信息进行实体、属性、关系的自动抽取从而形成新的实体关系链接，循环迭代地对数据层进行知识填充和知识更新，使得图谱与数据源的更新保持同步。

4.5 本章小结

本章主要通过对面向大数据的单元信息组织体系内涵的揭示，提出面向大数据的单元信息组织体系的内容，包括资源体系建设、知识组织方法体系建设。其中单元信息组织方法体系建设是研究的重点，本章提出了以本体建模、知识图谱概念设计和关联数据组织模型构建为核心的知识组织方法体系；介绍了单元信息组织整体架构，主要包括深层次加工、多维度关联，智慧化服务三个层面；从理论层面阐述了单元信息语义标注模型、资源关联模型和知识图谱构建的具体步骤；初步探讨了单元信息资源体系中不同粒度、多种维度知识单元的语义化组织、关联及深层次挖掘的方法，以期促进单元信息资源体系的深度组织和有效利用。

5 单元信息组织实证研究——以养生领域为例

5.1 养生领域资源体系建设

资源体系建设是知识组织实证研究的基础，本章以养生领域为例，遴选优质文献资源、抽取养生领域单元信息、建立养生单元信息库，为知识组织和知识关联奠定基础数据。

5.1.1 养生领域范畴的确定

养生即保养生命，是中医特有的概念，古人又称为"道生""摄生"。中医养生学具有悠久的历史，它吸收中国古代哲学、天文、地理、博物学等知识精华，以中医学理论和实践为坚实基础，融汇了历代养生家、医学家的养生经验和研究成果，形成了博大精深的养生理论和方法，是我国传统文化中的瑰宝。养生就是根据生命发展的规律，以保养身体、减少疾病、增进健康、延年益寿为目的，所进行的各种保健活动[①]。养生是人类为了自身生存和健康长寿所进行的一切物质活动和精神活动的总和。中华民族在长期的生产、生活实践中，总结出了无数的经验和方法，形成了诸多理论、流派和文献，为人类的健康和生命延续作出了巨大的贡献。

刘占文主编的《中医养生学》将中医养生分为中医养生学基础、中医养生方法和养生实践指导3大部分[②]。中医养生学基础主要包括中医养生学的形成和发展、中医养生学的寿夭观、中医养生的基本理论和原则；中医养生方法主

---

① 王玉川.中医养生学[M].上海：上海科学技术出版社，2013：1.
② 刘占文.中医养生学[M].北京：中国中医药出版社，2012：1-9.

要从精神养生法、饮食养生法、药食养生法、房事养生法、起居睡眠养生法、环境养生法、运动养生法、休闲养生法、沐浴养生法、针灸养生法、推拿养生法和气功养生法方面进行论述；养生实践指导主要从四时养生、体质养生、因人养生和人体不同部位养生四个方面进行论述。马烈光、蒋力生主编的《中医养生学》分为基础篇、方法篇、应用篇①。基础篇包括中医养生学的发展简史、中医养生学的基本观念和基本原则；方法篇包括常用的养生方法，内容涉及精神、环境、行为（饮食、雅趣、沐浴、作息、衣着、交际）、针灸推拿、药物等方面；应用篇作为养生的应用指导，讲述每个人应根据具体情况不同而审因施养，分为时令养生（昼夜养生、旬月养生、四季养生）、地区养生、人群养生（年龄、性别、职业、体质）、部位养生。

根据上述养生领域专业文献内容，本书将中医养生领域知识体系分为3大类3个层级（图5-1）。一级类目包括3大类：中医养生理论、中医养生方法、中医养生应用。其中，中医养生理论包括4类：中医养生思想、中医养生原则、养生名家、经典文献；中医养生方法包括10类：时节养生、饮食养生、情志养生、运动养生、经络养生、按摩养生、药物养生、娱乐养生、沐浴养生、房事养生；中医养生应用包括3类：疾病、体质、人群。养生领域知识体系框架是单元信息资源建设以及领域本体构建的基础。

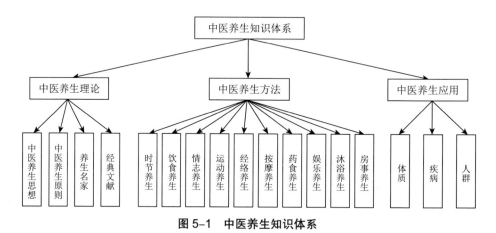

图 5-1 中医养生知识体系

---

① 马烈光,蒋力生.中医养生学［M］.北京:中国中医药出版社,2016.

5.1.2 养生领域文献资源获取

养生领域文献资源包括图书、期刊论文、养生词典、网络文档等。由于中医养生属于医学领域，鉴于其专业性，本书以该领域比较权威的图书和期刊作为资源选取对象。

在图书文献的选择上，本书选取优质出版社的优质图书作为文献来源，运用文献计量学方法中的布拉福德区域分析法和二八定律，以全国联合编目中心 2012 年至 2020 年收录的养生保健类图书为统计源，利用文献计量学方法确定了养生保健核心出版社的范围，并根据布拉福德区域分析法对入围出版社进一步划分，最终得出中国中医药出版社、人民卫生出版社、人民军医出版社、科学技术文献出版社、科学出版社为养生保健类图书的核心出版社（表 5-1）。另外，北京大学医学出版社、化学工业出版社、上海科学技术出版社等专业出版机构的养生保健类图书出版数量也很大，因此在文献选择上，本书也关注了这些出版社出版的有关养生类的图书。

表 5-1　养生领域核心出版社

序号	出版社名称
1	中国中医药出版社
2	人民卫生出版社
3	人民军医出版社
4	科学技术文献出版社
5	科学出版社

中医养生作为专业性比较强的领域，涉及的医学知识非常广泛，作者的学术背景十分重要。文献选取还应考虑作者的专业医学背景，选取来自正规医学院校、医疗机构、医学科研院所，并具有较长时间临床工作经验的作者所著文献。在兼顾核心出版社与权威作者的基础上，本书最终选择刘占文主编的《中医养生学》、肖碧跃主编的《全家受益的养生方案》、王玉川主编的《中医养生学》等养生类 15 本图书作为养生单元信息的来源文献。在期刊文献的选择上，本书根据《全国中文核心期刊要目总览》评选出的中国医学学科的 18 家

核心期刊（表5-2），作为期刊论文的主要来源，同时在 CNKI 期刊全文数据库中查询以"养生"为主题的论文，作为本次实证研究的论文信息源，并借助中国知网、维普资讯等专业检索系统，考证作者的学术背景及供职单位，以保证所选期刊论文著者的权威性。

表 5-2　中国医学科学学科核心期刊

序号	核心期刊名称	序号	核心期刊名称
1	中国中药杂志	10	针刺研究
2	中草药	11	中国中医基础医学杂志
3	中药材	12	中药新药与临床药理
4	中国针灸	13	中药杂志
5	中国中西医结合杂志	14	世界科学技术中医药现代化
6	北京中医药大学学报	15	时珍国医国药
7	中成药	16	南京中医药大学学报
8	中华医药杂志	17	中国实验方剂学杂志
9	天然产物研究与开发	18	广州中医药大学学报

本实证研究最终选择的图书和期刊论文通过从文献数据库、互联网以及本地数字化多种渠道获取数字化版本，统一转换成文本格式或 XML 格式进行存储。

5.1.3　养生领域单元信息抽取

单元信息抽取可以通过人工抽取和自动抽取两种方式实现。人工抽取图书、期刊内容中的单元信息需要花费大量的时间和精力，同时人工抽取过程中，工作人员对原文内容的理解不同，会出现漏抽错抽的现象，导致单元信息的质量无法保证。根据第三章单元信息自动抽取规则，本书通过分析图书和期刊论文文本的形式和形式结构，构建 Schema 规范，提取单元信息文本的形式结构，进行自动抽取。养生领域遴选的图书资源和期刊论文资源在经过筛选后，形成一份本地资源，自动抽取首先按资源自身结构进行解析，针对图书和期刊论文类型的 XML 资源文件，依据 Schema 文件解析 XML 文件，然后按照 Schema 定义的结构、元素及属性完成对 XML 结构与内容的解析，整个流程如图 5-2 所示。

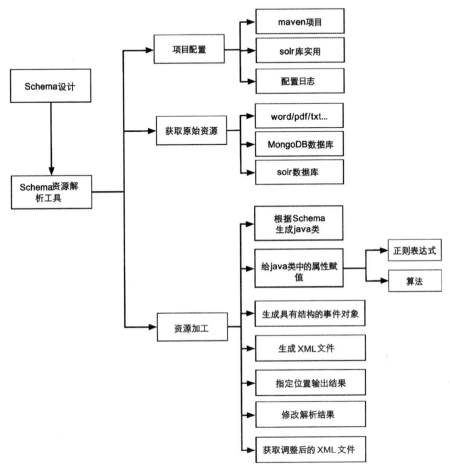

图 5-2　资源解析流程图

　　自动抽取通过设置 Schema 来对图书、期刊等文献资源的节点和属性进行解析，解决了资源的模式异构、资源的语义异构及不同格式所带来的代码冗余和性能损失问题，使用户可以定制资源的输出结果和格式。以养生图书为例，通过调研及分析确定养生领域文献资源单元信息属性，包含名称、主题、内容和元数据，其中元数据包括单元信息的标识号、来源文献、创作者、内容类型和格式。本书结合功能需求撰写 Schema。具体编写样例如图 5-3 所示。

```
xs:schema  xs:element  xs:annotation
1    <?xml version="1.0" encoding="UTF-8"?>
2  ▽ <xs:schema xmlns:xs="http://www.w3.org/2001/XMLSchema" elementFormDefault="qualified"
3      attributeFormDefault="unqualified">
4  ▽    <xs:element name="UnitInformation">
5  ▽        <xs:annotation>
6              <xs:documentation>单元信息</xs:documentation>
7          </xs:annotation>
8  ▽        <xs:complexType>
9  ▽            <xs:sequence>
10               <xs:element ref="resource" minOccurs="0"/>
11               <xs:element ref="contentInfo"/>
12               <xs:element ref="identifier" />
13           </xs:sequence>
14         </xs:complexType>
15     </xs:element>
16 ▽    <xs:element name="contentInfo">
17 ▽        <xs:annotation>
18             <xs:documentation>单元信息内容</xs:documentation>
19         </xs:annotation>
20 ▽        <xs:complexType>
21 ▽            <xs:sequence>
22               <xs:element ref="creator" minOccurs="0"/>
23               <xs:element ref="subject" minOccurs="0"/>
24               <xs:element ref="content" minOccurs="0"/>
25               <xs:element ref="format" minOccurs="0"/>
26               <xs:element ref="type" minOccurs="0"/>
27           </xs:sequence>
28         </xs:complexType>
29     </xs:element>
30 ▽    <xs:element name="identifier">
31 ▽        <xs:annotation>
32             <xs:documentation>单元信息标识</xs:documentation>
33         </xs:annotation>
34 ▽        <xs:complexType>
35 ▽            <xs:sequence>
```

图 5-3 Schema 示例

根据字段内容在 Schema 模板的基础上编写 Schema（可用 IDEA 编辑）。在 <xs：element name="Book"></element> 内输入图书 Schema 的第一层结构。在 <xs：annotation><xs：documentation></xs：documentation></annotation> 中输入文本注释，通常输入该字段的中文名称便于理解。minOccurs 和 maxOccurs 用来定义字段在 XML 文件中出现的次数，如果 minOccurs = 0 则证明该字段可以为空，如果 maxOccurs 不为 0，则证明该字段可以有多个值。用 <type ="xs：string"> 表示该字段的数据类型为字符串。

其他资源的 Schema 在撰写时也应遵循以上规范，参考图 5-3。单元信息 Schema 结构如图 5-4 所示。

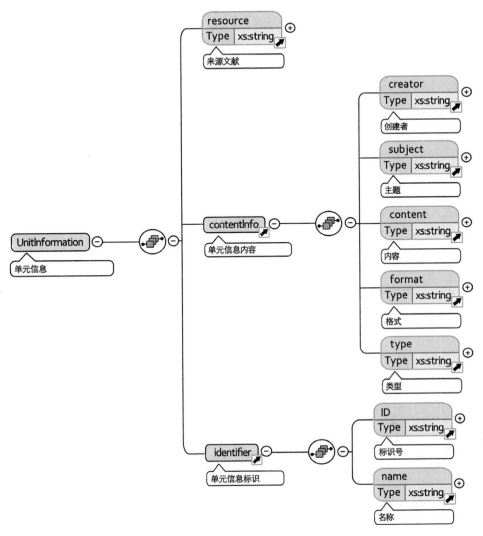

图 5-4 单元信息 Schema 结构

对不同类型的单元信息建立抽取规则是非常重要的，下面以《〈蠢子医〉病因学说与养生启示初探》为例，给出单元信息抽取范例。以下范例涵盖了单元信息的七种不同类型。

1. 事实类

龙之章（1806—1883），字绘堂，清代河南周口人，中原医家、地理学家，其医学著作《蠢子医》为晚年课孙所作，因此行文为打油诗形式，朗朗上口，方便童学启蒙。

2. 观点类

龙之章认为人身所患疾病不外乎两大因素，一为人情，二为气运。人情即人之七情六欲，气运即天地之气候变化，《蠢子医》中称为"天理"。在《蠢子医·金匮石室小脉案》中龙之章提到"药王教我立案我不立，只要参透人情与天理，情理参透便无疑，即此便是圣人小徒弟"。其中人情是内因，气运为外因，外因通过内因起作用。

龙之章认为人情和气运均是致病的内外因，因此吾人需在此两处下功夫。如疾病恢复到一定程度，需要自我饮食调节和不患得患失的心态，无须再针药攻伐，而预防疾病的发生则需养心、食补和顺应四时。

3. 数值类

邵雍创立了"元、会、运、世"的计量时间单位。计算公式如下：1元＝12会，1会＝30运，1运＝12世；1元为129600年，1会为10800年，1运为360年，1世为30年。

4. 方法类

根据当今气运风火较盛易导致人体上冲下流，龙之章创中指脉、寸口脉、尺泽脉三部脉学诊法。古代三部九候脉法已不能满足诊断当今气运条件下产生的病证，故创此新脉法，虽形式不同但仍师古人之意。其一，龙之章在《蠢子医·风火诸症脉论》中指出："人之头颠，与中指相应，凡是风火上中于头颠，则气脉必贯乎中指。"其异常搏动为"或如蛇吐信，或如珠流缀；或如针书藏，或如电明灭"，凡是在中指三节断两侧的指动脉摸到异常跳动，代表的意义不同。中指第一节（指根）代表咽喉部，第二节代表面部，第三节（指头）代表头部。因此左右中指三节摸出异常搏动，则代表同一侧相应部位存在气血瘀滞和病变。其二，寸口脉候则遵照传统脉法，左边寸关尺候心肝命门，右边寸关尺候肺脾肾。其三，当风火往下传到下焦时则诊尺泽脉，病理状态为"上下若滞水，中外若车辙"。尺泽脉是尺泽穴的脉搏搏动，左右尺泽脉代表同一侧的下焦及其下肢的气血运行状态。

5. 结论类

气运的改变导致用药诊断的改变，因此养生需要遵循天时。在一年中四季有不同的养生特点。《素问·四气调神大论》中说"圣人春夏养阳，秋冬养阴"，并且有每个季节的起居饮食作息的讲究。

人情中过度的欲望产生欲火。从这个病因给出的养生启示是，养生根本在养心为本，重在食补为养身养病之根本。

6. 原理类

人的七情六欲变化会造成身体气机的逆乱。《素问·举痛论》有云："怒则气上，喜则气缓，悲则气消，恐则气下……思则气结。"情绪的变化均会带来此种变化，久而久之，气化层面的变化则会向器质性的变化发展。再加之外因气运的作用，人身疾病则由两者的共同作用而产生。

7. 定义类

其中"男女"泛指人心情欲，即人类的精神世界。"饮食"泛指社会物化之欲，即人类的物质世界。

单元信息的自动抽取需要根据不同类型的单元信息内容和结构特点，采用正则表达式匹配的方式进行抽取。正则表达式是一种文本模式，包括普通字符和特殊字符。正则表达式通过规定好的"规则字符串"，对文本字符串进行匹配、过滤和表达。字符串匹配过程为：对于给定的模式字符串或者文档，在其中查找出与给定模式字符串匹配的所有起始位置。正则匹配分为获取匹配和非获取匹配，获取匹配是匹配 pattern 并捕获该匹配的子表达式，而非获取匹配是匹配 pattern 但不获取匹配结果，不进行存储供以后使用。

观点类单元信息"龙之章认为人情和气运均是致病的内外因，因此吾人需在此两处下功夫。如疾病恢复到一定程度，需要自我饮食调节和不患得患失的心态，无须再针药攻伐，而预防疾病的发生则需养心、食补和顺应四时"，就是通过匹配规则为".+（认为|指出|表示|提出）.+"正则表达式从原文抽取的单元信息。

本书为了使知识组织资源更加集中，特聚焦高血压养生，以 68 篇高血压养生的期刊论文作为信息源，共抽取单元信息 519 条，作为本次实证研究的基础。

5.1.4 养生领域单元信息语义关联

单元信息知识服务体系的功能是实现文献资源之间的各种语义关联，既包括来源文献内部之间的关联，也包括来源文献与相关文献的外部关联。本实证研究的文献主体为中医养生领域文献，文献中高频出现的养生领域相关人物，以其来源清晰、资源描述规范成熟等特征，成为语义外部关联的优质信息来源。因此，本实证研究选取"养生领域相关人物"作为外部关联实验的信息源，为单元信息知识服务体系外部关联实验提供数据支撑。

养生领域相关人物是单元信息组织外部关联体系的组成部分，是单元信息组织语义关联实证研究的重点。在单元信息知识服务体系中，"养生领域相关人物"既存在于单元信息来源文献中，又存在于语义网环境下的外部信息资源中。在单元信息来源文献中，与"养生领域相关人物"关联的实体有"养生名家"、"责任者"；在外部信息资源中，主要来源为以关联数据发布的人名规范或者其他人物名称信息，例如维基百科、VIAF、美国国会图书馆人名规范、上海图书馆馆藏书目数据等。

本实证研究选取的"养生领域相关人物"，主要涉及"历代养生名家""养生文献作者"两大类。这两大类与养生领域单元信息知识服务体系中的"养生名家"和"责任者"进行映射和关联匹配。在单元信息知识服务体系内部，这两大类遵循"历代养生名家"创造"养生思想"，"养生文献作者"创造"养生文献"的语义关系；在与外部信息资源关联方面，这两大类主要通过复用 FOAF、RDFS、VIAF 等规范词表中相关本体和命名空间，与外部关联数据建立关联。

5.2 养生领域本体构建

养生领域本体构建是单元信息语义标引和知识组织的基础，是建设养生领域单元信息知识图谱的前提条件。养生领域本体构建在传统七步法的基础上，结合本体自动构建技术，对养生领域本体词汇、属性和关系进行自动抽取，为大数据背景下单元信息领域本体自动构建进行了尝试。

5.2.1 养生领域本体构建流程

大数据背景下，面对复杂的资源类型和不断增长的资源数量，传统的本体构建方法无法满足本体扩展的需求。本实证研究在本体构建七步法的框架下，对本体词汇的自动构建、属性以及关系自动抽取等关键步骤，采用了自动化技术进行处理。具体内容包括：复用专业词表和自然语言本体，抽取专业概念及层级关系，形成本体初始模型；通过对照本体初始模型，对相关专业文献进行比对和抽取，补充领域本体词汇；通过对结构化或非结构化文本资源的处理，提取出领域概念的相关属性；通过语料与本体的比对，对养生领域关系进行抽取和构建。具体构建流程如图 5-5 所示。

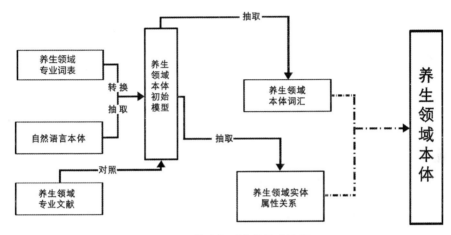

图 5-5　养生领域本体构建流程

5.2.2　养生领域本体词汇构建

5.2.2.1　养生领域本体词汇构建方法

养生领域本体词汇构建，主要通过复用专业词表、词表转化，实现专业词表的重构与利用；再通过本体 NLP 语义类技术，获取新的概念，进行领域概念词汇的补充。

1. 复用领域专业词表

领域词表是领域文献专家多年积累与更新的成果，基本上覆盖了本领域所涉及的主要概念，是本体词汇构建的主要来源。因此，在领域本体的创建上，大部分词汇都来源于已有领域相关本体和词表系统。本研究主要以中国中医药科学院中医药信息研究所的"中医药学语言系统"（TCMLS）、ISO/TS 17938《中医药学语言系统语义网络框架》、中医药知识服务平台、中医临床术语系统为基础，参考中华人民共和国国家标准 GB/T 16751.3—1997《中医临床诊疗术语治法部分》、GB/T 16751.1—1997《中医临床诊疗术语疾病部分》、

GB/T 16751.2—1997《中医临床诊疗术语证候部分》、GB/T 20348—2006《中医基础理论术语》，以及《中国中医药学主题词表（电子版）》中养生领域词汇。本研究对于专业词表的复用和转化，在自动化处理过程中，首先根据词表格式分为主题词表格式、Tab 键分隔格式、上下位关系格式；然后根据基于代码的自定义格式词表导入的处理方法，对专业词表的概念词汇进行提取。

2. 扩充领域新概念

本体自动构建技术在词汇处理方面，大致可分为基于语言学的领域概念抽取、基于统计的领域概念抽取，以及上述两种方法结合使用的抽取方法。本研究采用的是基于语言学的本体 NLP 语义类技术，来获取并扩充养生领域的新概念。主要操作步骤为：由系统对养生领域的相应自然文本进行自动切分标注，利用所得术语与已有概念集（领域专业词表）进行匹配，没有匹配上的术语组成新的术语备选集合；然后，将新获取的术语备选词与本体原有概念进行冗余度计算，超出一定阈值后，则可认为是新概念，将这些新的概念词汇作为复用专业词表的有益补充。

5.2.2.2　养生领域本体词汇主要内容

通过本体词汇自动构建，本研究共获取中医养生领域本体词汇2418个，总共包括三级类目，与养生领域知识体系一致。一级类目1个，二级类目3个，三级类目17个，确定各类本体词汇，数量汇总如表5-3所示。

表5-3　养生本体词汇汇总

一级类目	二级类目	三级类目	数量
中医养生知识体系	中医养生理论	中医养生思想	21
		中医养生原则	93
		养生名家	34
		经典文献	40

续表

一级类目	二级类目	三级类目	数量
中医养生知识体系	中医养生方法	时节养生	43
		饮食养生	108
		情志养生	19
		运动养生	58
		经络养生	402
		按摩养生	51
		药物养生	56
		娱乐养生	3
		沐浴养生	13
		房事养生	7
	中医养生应用	疾病	1140
		体质	21
		人群	306
总计	3	17	2418

5.2.3 养生领域本体属性构建

5.2.3.1 养生领域本体属性构建流程

养生领域本体属性也采用自动构建的方式。自动构建主要流程为：首先，通过识别文档的结构，对领域文本进行预处理；然后，通过特征算法将文档中的属性词提取出来；与相似属性合并排序之后，按照一定规则生成新的属性；最后，从语料中选取待提取的候选词，作为描述概念的属性，更新到领域本体中。领域本体属性自动构建的具体流程如图 5-6 所示。

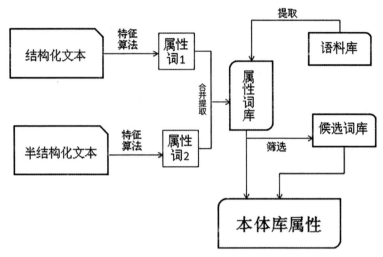

图 5-6 领域本体属性自动构建流程图

养生领域本体属性构建，主要通过对结构化和半结构化文本的处理，从领域文本中提取属性，根据语料特征去提取语料文本内容资源，判断哪些词是概念的属性。属性获取的数据主要来源于专业教材、期刊论文等。本研究主要语料来源包括：CNKI 和万方数据库中的主题为"中医养生"的 1 万余篇论文；刘占文、郭海英、王玉川等人主编的《中医养生学》相关图书 15 本；中医养生知识相关网站的内容。

5.2.3.2 养生领域本体属性构建方法

在属性自动构建中，工作人员首先使用切分程序对结构化半结构化文本进行预处理。由于这些文本格式比较规范，有完整的篇、章、节等层次结构，工作人员根据文档的组织顺序进行切分就可以处理。对于前言后记等概念出现概率小的章节，就可以直接过滤掉；对于组织结构相对松散的，可以适当调整篇、章、节的限制，将小节等作为篇的章节进行处理。经过处理后的文档内容就进行了第一步过滤，方便后面根据算法提取属性。

第二步是根据文档结构构建特征模板，运用特征算法提取属性词。特征模板主要考虑篇、章、节的标题、特殊分隔符号、段首段尾句等；特征提取算法主要根据候选词出现的词频和词的位置，对文档切分的篇、章、节、段的层次化结构进行遍历，根据特征模板提取可能的候选词形成集合；然后根据候选词的权重进行排序，根据阈值输出置信度提取属性词。

第三步是通过语料库的匹配和挑选，对属性词库进行补充。为了方便属性比对与提取，本研究将每个概念的属性描述分为概述类描述、自然语义类描述、专业类描述三大类别。每一种属性在自动化处理的时候，都要进行相应层次的筛选，从而达到最佳匹配。概述类描述主要作用是通过专业叙词表、主题词表等的转换，实现概念词汇与叙词等专业词条的匹配后，进行概念定义文本的自动填充；自然语义类描述主要作用是与 NLP 自动切分的自由词、近义词、同义词、相关词等进行匹配；专业类描述是本体领域属性的描述形式，又包括自然语言文本表述和概念描述两个方面。

上述步骤具体流程如图 5-7 所示：

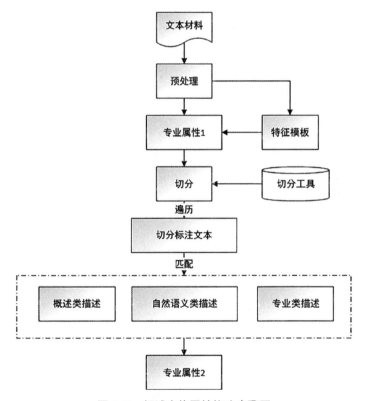

图 5-7 领域本体属性构建步骤图

5.2.4 养生领域本体关系构建

5.2.4.1 养生领域本体关系构建方法

领域本体关系构建是本体语义化的核心。通过语义关系获取找出概念间的深层次关系，这样建立的本体才能具备更强的专业性和学术性。养生领域本体关系自动构建主要包括：基于知识框架的本体关系发现与获取方式，使用扩展的关联规则挖掘方法获取的非分类关系的获取方式。第一种主要来自对专业教材、专业文献等规范性文本进行知识挖掘并自动发现提取概念而形成的基本属性关系，第二种主要来自基于模式识别、命名规律等推导的术语关系。

第一种本体关系的构建过程。首先要对专业教材或专业文献进行格式化处理，每个格式化文件包括若干数据块，每个数据块包括一个概念的若干属性及属性值。其次要获取知识关系，先要将专业教材和专业文献中的相关文本作为概念的属性1的值导入本体，然后从概念的属性1中提取出属性2的值，从而获取属性关系。属性1为基础属性，即固定的确定的或具有专业认同性、公认性的，不会因某些因素的变化而发生改变的属性，如名称、定义等；属性2为专业属性，专业属性是指可以使两组概念之间产生关联的属性名称，可以形成"概念类别－属性2名称－概念类别"之间的三元组关系，例如"疾病－临床表现－症状"三元组；通过不断遍历抽取，形成基于知识框架的养生领域本体关系。

第二种本体关系的构建过程。如果两个概念经常出现在同一语料（文档、段落或者句子）之中，则推理这两个概念存在关系。因此，使用已有的知识框架体系作为背景，利用关联规则来发现概念间的非分类关系。术语自动提取和术语层次关系自动提取技术是本体关系抽取中的关键环节，是NLP智能分析描述功能的体现。

5.2.4.2 养生领域本体属性关系内容

养生领域本体属性关系通过领域词表关系学习与抽取，最终确定为四大类，如图5-8所示。第一类为上下位关系，也称为属种关系；第二类为部分与整体关系，也称为包容关系；第三类为等同关系，即本体概念内涵、外延与另一概念范围一致，两者之间可以等同、参照、代替；第四类为相关关系。这四种关系的属种关系、包容关系、等同关系，主要体现在同一大类体系之内；相关关系主要体现在不同大类之间。

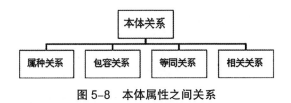

图 5-8　本体属性之间关系

相关关系继承 TCMLS（中医药学语言系统）的六大类，分别为：时间相关、空间相关、概念相关、物理相关、功能相关、其他相关。但是，由于概念相关过于专业，需要医学理论知识，本研究结合实际需求将相关关系分为五大类，没有采用概念相关。时间相关、空间相关比较容易理解，下面有实例说明；物理相关是指一个本体作用于一个本体，两个本体之间仅为简单作用关系，没有发生器质性改变；功能相关是指一个本体对另一个本体发生作用，产生一系列变化，出现不同于以前状态的结果；其他相关主要是中医领域的特色关系，如：与……相表里、开窍于、相恶、相杀等。相关关系类型及实例如表 5-4 所示。

表 5-4　本体相关关系类型

相关关系类型	实例
时间相关	与……同时发生；先于……发生；后于……发生
空间相关	位于……；与……相邻；在……前面；在……中间
物理相关	存在；发现；创造；撰写；提出；指导；源于；汇合；相连
功能相关	产生；引起；影响；治疗；采用；干扰；预防；反应；应用
其他相关	与……相表里；开窍于；相恶；相杀

在这本体关系的四大类关系中，相关关系是语义关系中最复杂的，也是领域专业性的体现。本研究的相关关系以"中医养生理论"产生"中医养生方法"，"中医养生应用"采用"中医养生方法"为主线，具体之间的关系如图 5-9 所示。

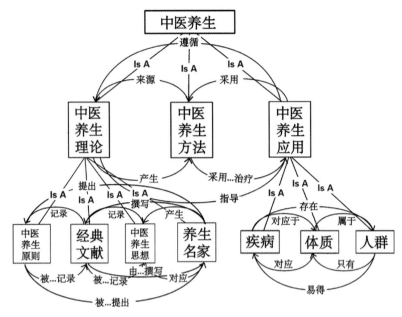

图 5-9　养生本体相关关系

本体关系的基本类型定型以后，按照养生知识体系，兼顾知识图谱构建规则，遵照"中医养生基础知识"指导"中医养生方法"，"中医养生应用"采用"中医养生方法"的基本逻辑主线，对 3 大类 17 小类具体词间关系进行整理。由于属种关系对象属性值为"父类"、"子类"，或者可以称为"上位类"、"下位类"；包容关系对象属性值为"包含"、"属于"；等同关系对象属性值为"等于"。所以，这 3 种关系属性值单一，对象属性值总共为 7 种。相关关系由于类别不同，关系内容不同，所以对象属性值是不同的，本研究中出现的相关关系对象属性值为 82 种，根据对象属性的相等性、相反性、传递性可衍生出相关关系 164 种。所以，本研究中整个养生领域本体关系值为 171 种。

5.2.4.3　养生领域本体构建形式化展示

在本体词汇构建、属性关系构建都完成的基础上，通过 Protégé 软件对养生领域词汇及词间关系进行形式化表达如图 5-10、图 5-11 所示。

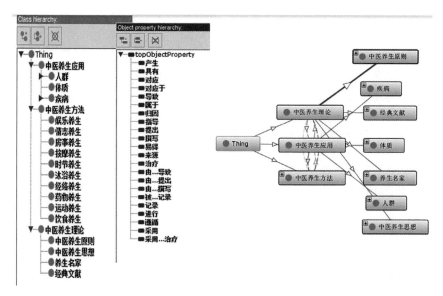

图 5-10　养生领域本体框架

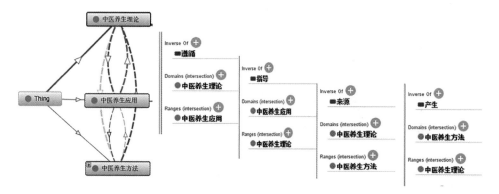

图 5-11　养生领域本体关系示例

5.3　养生领域单元信息知识图谱构建

作为结构化的语义知识库，知识图谱能够以符号的形式来对物理世界中的概念和相互关系进行描述。它通过从丰富多样的数据来源中构建数据本体，并建立彼此间的联系，能够有效地寻找出信息资源间的语义关系，从而实现更为精准的数据结果。养生领域单元信息知识图谱构建，是在养生领域本体构建的基础上，对单元信息进行实体识别、关系属性抽取，并对实体链接进行存储与融合，最后进行知识图谱语义展示的过程。根据单元信息知识图谱构建流程，建立养生领域单元信息知识图谱体系，需要模式层和数据层的支撑。

5.3.1 养生领域单元信息知识图谱模式层构建

知识图谱的模式层主要涵盖领域本体的概念层级关系、属性关系以及实体的类型定义和属性定义。本实证研究的模式层来源于已经建好的养生领域本体。通过 Protégé 构建的领域本体存储格式为 OWL，需要转换为知识图谱常用的存储格式。

构建模式层图谱的主要目标是用知识图谱的形式对本体及关联进行重新组织及管理。其构建原理与实例层图谱相似，即用节点存储本体中的概念，用边存储本体间的关系，此外本体还需建立数据层中对应类型实体的索引，以便进行语义推理，构建原理如图 5-12 所示。

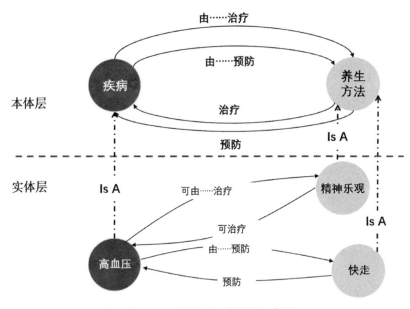

图 5-12　模式层图谱构建示意图

以高血压养生领域的 11 大类 24 种语义关系为例，解析为 RDF 三元组存储形式如表 5-5 所示。

表 5-5 高血压养生领域语义关系

概念	关系	概念
疾病	具有	症状
症状	对应	疾病
疾病	归因	体质
体质	易得	疾病
疾病	由……导致	病因
病因	导致	疾病
疾病	采用……指导治疗	治则
治则	指导治疗	疾病
疾病	采用……治疗	养生方法
养生方法	治疗	疾病
养生方法	对应	养生思想
养生思想	产生	养生方法
养生方法	由……提出	养生名家
养生名家	提出	养生方法
养生方法	被……记录	经典文献
经典文献	记录	养生方法
养生原理	产生	养生方法
养生方法	源于	养生原理
养生原理	指导	治则
治则	由……指导	养生原理
养生名家	撰写	经典文献
经典文献	由……撰写	养生名家
症状	属于	身体部位
身体部位	具有	症状

5.3.2 养生领域单元信息知识图谱数据层的构建

本研究通过养生领域知识图谱数据层的构建完成单元信息语义知识层面的细粒度加工和结构化表示。数据层图谱的构建思路就是将单元信息中的实例构建为图谱中的节点，关联构建为图谱中的边，此外每个节点中还存储了其相关的单元信息的索引，构建示意图如图 5-13 所示：

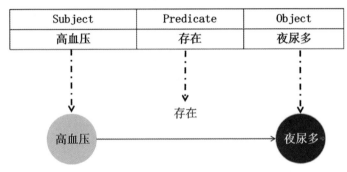

图 5-13 知识图谱构建示意图

养生领域单元信息知识图谱数据层的构建分为知识抽取和知识融合两个阶段。在知识抽取阶段，使用深度学习方法，以前文定义好的领域本体指导单元信息的知识抽取过程（包括命名实体识别和关系抽取）。在知识融合阶段，以同义词发现为基础，在抽取的数据集上采用实体对齐相关技术，完成实体合并。

本节依据前文构建的本体框架以及中医养生领域单元信息知识的自然语言描述特点，提出中医养生领域实体信息的标注规范，对 519 条样本数据进行人工标注，人工标注后的样本成为机器学习的训练集，在后续大样本的文本标注过程中发挥着重要作用。在此基础上采用了 Bi-LSTM+CRF 神经网络模型，实现中医养生领域实体的半监督学习。此外，本研究针对领域关系抽取和知识融合等任务也提出了相应的解决方案。

5.3.2.1 单元信息人工标注

单元信息知识图谱数据层的构建主要是获取单元信息资源中实体、关系、属性等 RDF 三元组。人工语义标注需在领域本体（模式层）的指导下，从单元信息中抽取出结构化的知识，即用 RDF 语言把文档中的纯文本描述出来。

人工语义标注通常包括实体标注和关系标注两种形式。

（1）实体标注：将单元信息文档与养生领域本体中概念相对应的词标记出来，并将该词语作为概念所对应的实例。对以下这段单元信息进行类型标注的结果如表5-6所示。

"高血压病是以动脉血压持续升高为主要表现的血管性疾病，患者易出现头痛、头晕、耳鸣、目眩、心悸等症状，体质一般属于阴虚质。《内经》中已经阐明，饮食失节、情志内伤、身体劳倦、气血亏虚等皆可导致脏腑阴阳失调引发本病。为调节阴阳，北方的患者可通过日光浴进行治疗。"

表5-6　实体标注示例

序号	疾病属性（父类）	子类	实例
01	疾病	疾病名	高血压
02	症状	头部症状	头晕；头痛；耳鸣；目眩
03	症状	心脏症状	心悸
04	体质		阴虚质
05	病因	七情内伤	精神紧张
06	病因	饮食偏嗜	大量饮酒
07	治则（养生原则）	调整阴阳	阴阳并补
08	治法（养生方法）	沐浴养生	日光浴
09	养生思想		阴阳平衡
10	养生原理		五行学说
11	养生名家		黄帝
12	经典文献		《内经》

目前常用的标注模式是BIO标注，其中B表示提取实体内部的第一个词，I表示实体内除首词以外的所有词，O表示非实体词，采用BIO标注法将上述单元信息进行序列标注，根据定义的标注规则，为序列中每一个元素标注一个标签，以字为单位的标注结果为：

高\B-DIS1 血\I-DIS1 压\I-DIS1 病\O 是\O 以\O 动\O 脉\O 血\O 压\O

持\O 续\O 升\O 高\O 为\O 主\O 要\O 表\O 现\O 的\O 血\O 管\O 性\O 疾\O 病\O,\O 患\O 者\O 易\O 出\O 现\O 头\B-SYM1 痛\I-SYM1、\O 头\B-SYM1 晕\I-SYM1、\O 耳\B-SYM1 鸣\I-SYM1、\O 目\B-SYM1 眩\I-SYM1、\O 心\B-SYM1 悸\I-SYM1 等\O 症\O 状\O,\O 体\O 质\O 一\O 般\O 属\O 于\O 阴\B-STA 虚\I-STA 质\I-STA。\O《\B-LITE 内\I-LITE 经\I-LITE》\I-LITE 中\O 已\O 经\O 阐\O 明\O,\O 饮\O 食\O 失\O 节\O、\O 情\O 志\O 内\O 伤\O、\O 身\O 体\O 劳\O 倦\O、\O 气\O 血\O 亏\O 虚\O 等\O 皆\O 可\O 导\O 致\O 脏\O 腑\O 阴\B-CAU 阳\I-CAU 失\I-CAU 调\I-CAU 引\O 发\O 本\O 病\O。\O 为\O 调\B-IDE 节\I-IDE 阴\I-IDE 阳\I-IDE,\O 北\B-LOC 方\I-LOC 的\O 患\O 者\O 可\O 通\O 过\O 日\B-WAY 光\I-WAY 浴\I-WAY 进\O 行\O 治\O 疗\O。\O

（2）关系标注：找出实例之间存在的与领域本体中关系相对应的关系，进而丰富实例的内在信息。标注时，通常将实例及实例之间的关系表示为三元组形式，即按照主谓宾的模式，对单元信息中最小的语义单位，解析出主体、谓词、客体。选取一段单元信息进行关系标注，其结果如表5-7所示。

"传统运动养生以传统中医学为根基，吸收完整的中医学理论，通过中医学的阴阳互补、五行反馈和动态平衡等机制，达到健体强身和延年益寿的目的。太极拳是预防和治疗原发性高血压的有效方法。"

表5-7　关系标注示例

主体（Subject）	谓词（Predicate）	客体（Object）
运动养生	包含	太极拳
太极拳	属于	运动养生
运动养生	治疗	高血压
高血压	采用……治疗	运动养生
太极拳	预防	高血压
高血压	采用……预防	太极拳
太极拳	治疗	高血压
高血压	采用……治疗	太极拳

5.3.2.2 实体与关系的自动抽取

本书实证研究的数据源是养生领域单元信息库。单元信息库随着单元信息的自动抽取也在不断增量更新。本研究在完成对样本单元信息的手工标注后将其作为训练集，再使用监督、半监督等机器学习方法提升召回率；利用训练好的模型对已抽取的信息进行实体识别和关系的自动抽取，即直接标注出新增单元信息的实体、属性和关系；最后将识别和抽取出的实体链接存储到知识库中，进而实现对数据层的填充，形成语义完整的知识体系，同时达到对新抽取的单元信息进行语义标引的目的。知识抽取技术包括实体抽取、关系抽取和属性抽取，其中实体抽取和关系抽取是知识图谱数据层构建最为关键的技术。

1. 实体抽取

单元信息实体抽取的主要目标是从单元信息中析出养生领域本体中已经定义好的概念的实例数据。在命名实体研究领域，常用的方法有基于规则的方法、基于统计的方法和基于深度学习的方法。基于规则的方法依赖手工制定规则和权重赋值来进行实体识别，具有识别效果不佳、依赖性强、移植性差等问题；基于统计的方法是基于人工标注的语料，通过序列标注进行命名实体识别；这两种方法对语料库的依赖较大；基于深度学习的方法免去手工提取特征环节，可以自主提取高效的判别特征，将神经网络与 CRF 相结合的模型成为当前文本实体抽取研究方向的主流模型。

2. 关系抽取

关系抽取技术经历了早期基于模板（pattern）的方法、后来基于机器学习的方法，现在的主流技术为基于深度学习的方法。相比于传统机器学习方法，深度学习方法具备从文本中自动提取特征的能力及更强的拟合能力，不需要烦琐的特征工程，且具备天然的领域间迁移优势。这些优势归因于使用 word-embedding 作为词的表示。word-embedding 包含丰富的语义信息，其表达能力优于人工构造的词的特征表示，且是通过无监督学习方法训练得到，具备领域间的迁移能力；使用卷积神经网络（CNN）提取句子的语义特征，将所有的词语标记作为输入，每个词语向量由词特征和位置特征共同组成，将词语向量放入卷积层提取句子级特征，然后将这一表示作为关系抽取任务中句子级别的特征表示输入分类器。关系抽取利用神经网络模型强大的提取特征的能力，可以取代人工构造句子特征的工作，且提取出的特征更加丰富；句子级别的特征可以和其他特征相结合（比如词汇级别的特征或者人工构造的特征等），作为关系分类器的输入。

5.3.2.3　养生领域单元信息的知识融合

中医养生领域相关数据在初步导入图数据库后，需要进行知识融合。由于前期工作未对知识抽取结果进行人工审校，在对养生领域单元信息进行知识抽取的过程中，获取的知识单元之间不一致等问题较多，因此实体对齐是构建养生领域单元信息知识图谱的一项关键性任务。

在知识融合过程中，考虑到本项目训练数据源仅为抽取好的养生领域单元信息组成的信息库，不涉及模式层的融合，因此只需考虑数据层的融合问题。本研究主要采用实体对齐相关技术，判断养生领域单元信息数据源中的实体是否指向同一对象，对同一指称的实体进行唯一标识标注，并进行实体合并。实体对齐工作主要集中在疾病的名称上，同一疾病名称在现代西医和传统中医中的描述比较多元化。例如"风眩"是中医病名，指因肝肾阳亢阴亏、风阳上扰、气血逆乱所致，以眩晕、头痛、血压增高、脉弦等为主要表现的眩晕类疾病。相当于西医学所说的高血压病。因此需要结合上下文判断这个名称是否指向同一个疾病实体，在前期实体识别的基础数据集中，系统根据文本相似度或者结构相似度来查找匹配的实体，使用实体对齐算法来实现知识融合。

5.4　养生领域单元信息关联数据的构建与发布

关联数据作为单元信息组织多维度关联的最终实现方式被用来发布和链接各类数据信息和知识。本节将从实证层面，采用关联数据技术实现养生领域的单元信息、来源文献、相关人物以及知识组织资源（领域本体）各类实体资源间的关系链接，从而使养生领域单元信息资源体系形成一个有序组织和相互联系的多维知识网络。最终将养生领域单元信息资源体系以关联开放数据的形式聚合互联网上的异构信息资源，从而提升资源与知识的可见度、共享性和开放性。

构建单元信息资源的关联数据集，首先要对单元信息资源体系中不同维度的知识单元进行分析和确定，设计单元信息资源关联模型，以规范和揭示单元信息资源体系的概念、属性和关联关系；再根据资源关联模型设计实体存储在二维表中的 E-R 概念模型，并使用关系数据库管理系统 MySQL 创建表格存储收集到的数据；最后借助 RDF 虚拟映射平台 D2RQ 将关系表转换为 RDF 格式数据，实现关联数据的发布和查询。本节将利用第四章设计的资源关联模型以中医养生领域为例，讨论关联数据在创建与发布过程中的几个关键问题。

5.4.1 数据获取

养生单元信息关联数据集的构建首先要采集养生单元信息的相关资源。根据前文所述的资源选取标准，从核心出版社和核心期刊中采集养生领域来源文献；通过万方学术机构库、个人主页、百度百科、Wiki 百科等来源采集基本信息，形成人物数据库。知识资源通过中医药一体化语言系统、《中国分类主题词表》《养生大词典》和来源文献中抽取的专业词汇获得。将获取的各类资源整理后存储在关系数据库 Mysql 中，根据资源关联模型构建的类、类间关系以及类的属性定义，实现关系数据库中表间关系以及表内属性定义。本文创建了单元信息、来源文献和相关人物三个实体表，通过创建外键让每个表与其他两个表相连，如图 5-14 所示。

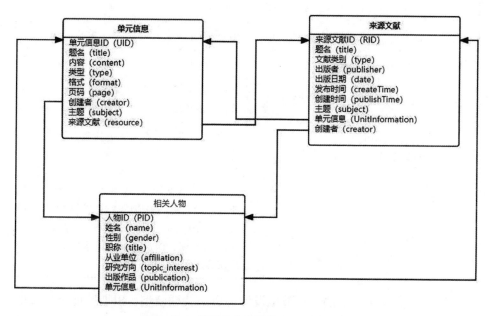

图 5-14　单元信息相关资源数据表关系

5.4.2 语义描述

根据第四章资源关联模型中确定的各实体类的属性对单元信息、来源文献以及相关人物进行标准化描述，为后续关联数据构建以及资源检索提供依据。本节以单元信息类为例，根据单元信息实体类的元数据标准，对单元信息实体的外部特征和内容特征进行描述。单元信息的核心属性主要包括：题名、类型、格式、创建者、主题、来源文献、唯一标识符（UID）和内容，其中题名、内容、类型、格式、唯一标识符为数据属性，创建者、主题、来源文献为对象属性。

以单元信息"高血压是常见的心血管疾病危险因素之一，隶属于中医的'眩晕'范畴。其病因主要有情志不遂、饮食不节、体虚年高、跌仆外伤等。"为例，其元数据标引如下表5-8：

表5-8 "高血压病因"单元信息元数据标引

核心属性	属性类型	属性值
题名（dcterms：title）	数据属性	病因
类型（ui：type）	数据属性	方法类
格式（dcterms：format）	数据属性	文本
创建者（dcterms：creator）	对象属性	司亚雪
主题（dcterms：subject）	对象属性	高血压；眩晕；病因；情志不遂；饮食不节；体虚年高；跌仆外伤
来源文献（dcterms：isPartOf）	对象属性	《中医养生健康教育对高血压患者生活方式的影响》
UID（dcterms：identifier）	数据属性	URI
内容（bf：content）	数据属性	高血压是常见的心血管疾病危险因素之一，隶属于中医的"眩晕"范畴。其病因主要有情志不遂、饮食不节、体虚年高、跌仆外伤等。

将上述实例带入 4.4.2.2 小节中设计的资源关联模型，以期验证该模型的有效性和合理性。系统在标注各类资源的过程中，同时建立内容对象之间的关

联关系，使用 URI 引用机制对这些资源对象进行标识，如图 5-15 所示。

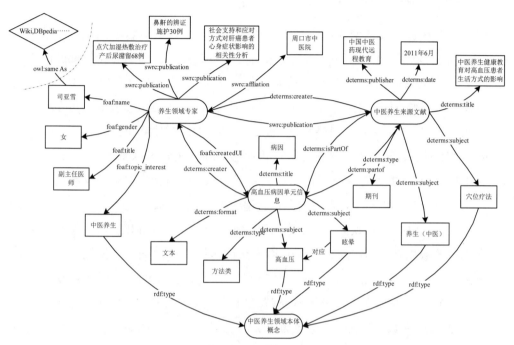

图 5-15 中医养生单元信息资源体系语义关联模型应用实例

图 5-15 以三元组形式表达了单元信息与来源文献、领域专家、养生领域本体概念等资源的部分属性、属性值以及他们之间的逻辑关系。在实际应用中，均采用 RDF/XML 序列化方式进行存储。

"内容"实例是高血压病因单元信息片段的内容本身，与来源文献实例"中医养生来源文献"通过"dcterms：isPartOf"建立整体与部分关系，与养生领域专家各个子类的实例通过"dcterms：creator"相关。通过"dcterms：subject"与中医养生本体概念实例（高血压、眩晕）相关联，并利用养生本体类间关系对单元信息的内在逻辑以及单元信息间的语义关联进行揭示。利用养生领域本体的用户在获取高血压病因单元信息的同时，不仅可以查找到来源文献的相关信息，还可以查找到作者的其他研究成果以及擅长的领域，建立起与中医养生领域本体中定义的核心概念之间的关联。此外，通过使用 owl：sameAs 属性将本地人物名称与 Wikidata、VIAF 等外部资源进行连接，以拓展单元信息相关人物的背景知识。

5.4.3 语义映射与发布

本研究通过关系型数据库基于 D2RQ 平台来实现关联数据的发布。基于 D2RQ 的关联数据创建虚拟 RDF 图来访问关系数据库，借助 D2R mapping 机制文件将关系数据库转化为三元组形式的 RDF 文档。在映射文件中，d2rq: Class Maps 将数据库中的物理表转化为资源关联模型中的类，d2rq: Property-Bridges 将表中每一列字段转化为资源关联模型中的对象和数据属性，d2rq: join 则体现了表间关系。转换完成后再通过 D2R Server 对关联数据进行发布，让用户可以通过浏览器查看存储在关系数据库中的 RDF 数据，以数据库的 UnitInformation 和 Person 表为例，其过程如图 5-16 所示。

最后，根据数据映射文件，使用 D2RQ 平台的 dump.rdf 工具将关系型数据库中的数据转换生成 RDF/XML 格式文件，供其他数据库或第三方应用程序使用。启动脚本 d2r.server.bat，执行已存在的映射文件，然后再启动关联数据的 Web 发布服务，D2R Server 就可以进行数据的发布。发布的命令格式是：d2r-server healthdb.n3，数据发布后，用户即可以利用浏览器通过 http:// localhost：2020 地址链接进入 D2R Server 的运行入口页面。

5.5 本章小结

本章对单元信息的知识组织方法进行实践，以中医养生为研究领域，对单元信息的资源子体系和方法子体系进行了全面尝试。在养生领域单元信息的抽取、领域本体建设、单元信息语义解析以及关联数据的构建与发布方面，运用本研究提出的体系模型、方法技术进行实践，并最终为建设养生领域单元信息知识服务平台提供数据和方法基础。

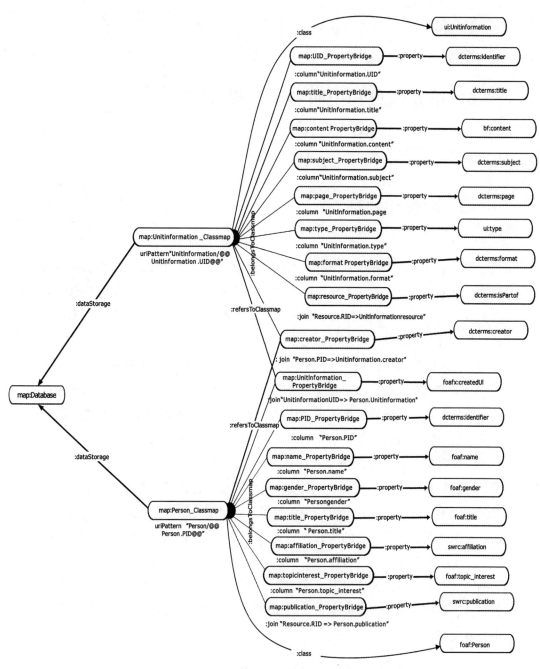

图 5-16 基于 D2RQ 的映射框架

6 单元信息知识服务平台设计

6.1 系统设计思想

单元信息知识服务平台是针对大数据背景下用户对知识信息的深层次与潜在性需求，以单元信息作为知识组织对象，通过对特定领域文献单元信息的自动抽取、语义标注和关联链接，实现知识检索服务。知识服务平台的基本设计思想是通过对领域单元信息的深层次加工以及资源体系的多维度关联，满足众多用户需求的智慧化知识服务体系构建。本平台的建设目标主要有：

（1）实现单元信息的智能化采集。在资源获取的基础上，利用大数据和自然语言处理技术系统智能化、自动化地开展工作，实现单元信息的智能抽取与自动标引功能，从而为单元信息的语义化组织提供数据基础。

（2）实现单元信息的语义化组织与关联。基于已构建的知识图谱概念模型，通过实体识别、关系抽取以及实体对齐等技术，完成对单元信息中蕴含语义的知识单元进行抽取、组织、关联与融合；基于关联数据技术，在实现单元信息资源体系的语义关联的同时，与 LOD 云中开放的相关资源建立广泛关联。

（3）实现单元信息的智能检索。面向大数据时代知识资源重构、开发和利用的需求，基于语义网、机器学习、人工智能等先进技术开发单元信息知识服务平台，创新多种知识服务模式，为知识资源的智能检索和大规模知识互联提供有效支撑。

6.2 系统需求分析与架构设计

6.2.1 系统需求分析

本系统的设计目标是为用户提供一个基于语义的知识服务平台，实现知识语义检索功能。为了方便平台使用者编辑和管理各项资源，系统应该提供界面友好的编辑后台，并具备知识抽取、本体构建、知识图谱构建及关联数据构建与发布功能。从总体上讲，系统需要提供以下五个主要业务：

1. 资源管理业务

实现各类资源的智能采集与存储，包括来源文献、单元信息和相关人物信息的存储与管理。具体功能为：来源文献、单元信息、相关人物的上传与管理，以及单元信息的抽取和标引功能。

2. 领域本体构建业务

实现领域本体自动构建、本体编辑、本体可视化功能。系统应既可以复用、编辑、存储已有的领域本体，也支持领域本体自动构建和更新。

3. 知识图谱构建业务

基于知识图谱技术构建单元信息知识库，知识图谱的模式层来源于领域本体，知识图谱的数据层来源于单元信息的实例。业务功能包括知识图谱构建、知识可视化展示。

4. 关联数据构建业务

实现单元信息与其他实体的知识关联，主要是基于来源文献、单元信息和相关人物信息构建三大类实体间的关联，并将其发布成关联数据。

5. 单元信息知识服务

基于对单元信息的知识组织，实现对知识内容的检索，包括知识检索、浏览及知识可视化等。

根据以上业务需求分析，本系统主要由资源管理、本体库管理、知识图谱构建、关联数据构建与发布、知识服务五个主要模块构成。五个模块相对独立又互相关联，其中资源管理模块是各模块的资源基础，本体库管理模块为资源管理模块的单元信息标注以及知识图谱模式层构建提供支撑，知识图谱模块和关联数据构建与发布模块为知识服务模块提供底层源数据的组织管理模型。系统功能如图 6-1 所示。

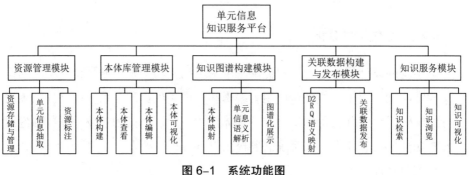

图 6-1　系统功能图

6.2.2　系统架构设计

本系统应用 B/S 开发模式，系统整体架构设计如图 6-2 所示，分为数据层、业务层、应用层。

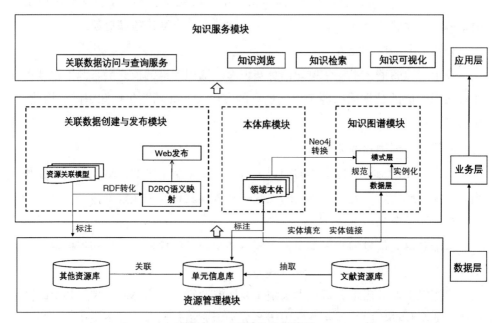

图 6-2　系统总体架构图

本系统的设计框架核心是单元信息的知识组织和单元信息的智能检索，共包括 3 个层级 5 个部分。其中数据层是单元信息知识服务平台的基础，由资源管理模块构成。以养生领域为例，资源管理模块由养生领域内的文献资源库为基础，通过领域知识组织系统和自然语言处理技术对文献信息资源进行单元信息抽取，形成单元信息。业务层是单元信息知识服务平台的核心，主要实现单元信息的语义组织与关联，由本体库模块、知识图谱模块和关联数据创建与发布模块构成，通过建立领域本体、资源关联模型、知识图谱实现对单元信息的语义标注、知识关联和可视化显示等功能。应用层是单元信息组织系统的最终呈现，又称知识服务模块，主要实现面向用户的智能检索和知识问答功能。五个模块的主要功能如下所述：

1. 资源管理模块

资源管理模块的基础功能是各类资源的智能采集与存储。这一功能模块以单元信息库为中心，主要利用定义好的单元信息 Schema 规范，结合各种类型单元信息的描述规则从来源文献中进行自动抽取，并增加人工审核环节，增强抽取的准确率。同时对收集和初步整理的各类资源（包括单元信息、来源文献、相关人物）用定义好的知识组织工具进行分析分解、语义标注，并用相关本体属性特征来描述和表达知识单元内容。

2. 本体库模块

本体库模块主要用于本体的构建与存储。这一模块具有实现领域本体词汇、属性和关系自动构建与更新功能，保证领域本体的完整与动态补充。本模块采用自然语言处理方法，对知识进行重构利用，建立本体自学习机制，实现本体概念描述体系的自动构建，达到本体属性关系的自动抽取、可视化展示等目的。本模块通过本体库来管理知识图谱的模式层，借助本体库的规则、公理和约束条件对知识图谱模式层的实体、关系和属性进行规范。

3. 知识图谱模块

知识图谱模块主要用来实现单元信息领域知识层面的细粒度知识解析与抽取功能，逻辑上包括模式层与数据层的构建。模式层构建是将先前定义好的养生领域本体模型与 Neo4j 图数据库相融合，将本体模型中蕴含的类以及类间关系映射到图数据库中，实现在 Neo4j 图数据库中的知识存储。数据层构建则是利用先前构建好的养生领域本体指导以单元信息库为数据源的信息抽取，在对样本单元信息进行人工标注的基础上，选取 Bi-LSTM+CRF、CNN 等深度学习模型来解决命名实体识别和关系抽取两个子任务，对单元信息库中的数据进行进一步的训练和集成。本模块在实现知识图谱数据层各类实体和语义关系填充的同时，达到对单元信息库新增数据进行自动语义标引的作用。

4. 关联数据构建与发布模块

关联数据构建与发布模块主要实现单元信息资源体系中各类实体的 RDF 转化、语义映射以及关联发布功能。本模块在构建资源关联模型的基础上，将存储于关系型数据库中的各类信息资源（单元信息、来源文献、相关人物）遵循资源关联模型中的类与属性进行 RDF 转化，并为其提供 http URIs；选择 D2RQ 平台将关系数据库中的内容进行语义映射，处理数据表向类的映射、数据表中列向属性映射、关系表向关联关系映射；并通过 D2RQ 平台进行资源发布，与 DBpedia、VIAF 等其他外部资源创建关联途径，增强用户对单元信息相关资源及其背景的理解，实现单元信息资源体系的语义关联、知识发现和开放共享。

5. 知识服务模块

知识服务模块主要向最终用户提供基于知识图谱的知识检索、浏览、可视化以及基于关联数据的访问与查询服务。知识检索为用户提供了通过自然语言来检索单元信息及图谱的功能，包括实体检索、本体检索和语义推理检索三种模式；知识浏览向用户提供本体框架的三级分类导航服务；知识可视化以图谱的形式将单元信息中蕴含的语义关联可视化地展现出来，方便用户全面获取检索主题的语义关系网络结构，弥补单一主题检索结果知识信息不足的问题；关联数据访问与查询服务提供基于关联数据的浏览和查询，包括 HTML 和 RDF 关联数据模式的浏览服务，以及基于 SPARQL 语言的查询服务。

6.3 系统功能模块的设计与实现

本系统技术架构后台采用 SSH（Struts+Hibernate+Spring）框架构建。前端主要采用 EasyUI 框架以及可视化图表插件 Echarts。数据库仍采用传统的关系型数据库（即 MySQL 数据库）进行存储，并实现从关系型数据库模式到本体模式之间的语义转换与映射。

6.3.1　资源管理模块的设计与实现

资源管理模块是知识服务平台的数据基础，主要实现各类资源的智能采集与存储，包括来源文献、单元信息等资源。该模块的主要功能包括：各类文献和知识资源的上传与存储管理、单元信息的智能抽取和语义标引。该功能模块采用 MySQL 关系型数据库实现对三种类型资源的存储管理，采用 Schema 建模技术解析单元信息，实现对不同类型单元信息的自动抽取。

6.3.1.1　资源管理与存储

资源管理部分包括文献库、单元信息库和人物库。

文献库由图书、期刊、报纸等各类相关文献构成。文献库的管理功能主要为上传、管理文献资源。图书的相关信息包括：书名（题名）、作者、出版社、出版时间、主题；期刊相关信息包括：题名、期刊名、作者、出版时间、卷、期、主题。该模块可实现文献资源的上传、修改、保存。文献库的数据库结构如表 6-1 所示。

表 6-1　文献数据库结构

序号	字段名	字段类型	允许为空	备注	主/外键
1	RID	Int（11）	NO	来源文献 ID	主键
2	Type	enum（0，1，2）	NO	文献类别（0- 文章；1- 期刊；2- 报纸）	
3	Title	varchar（64）	NO	题名	
4	Publisher	varchar（64）	NO	出版者	
5	Date	date	NO	出版日期	
6	Subject	varchar（64）	NO	主题	
7	UnitInformation	Text	NO	单元信息	外键
8	Creator	varchar（64）	NO	创建者	外键
9	CreateTime	datetime	YES	创建时间	
10	PublishTime	datetime	YES	发布时间	

单元信息库是对已经抽取和标注好的单元信息进行存储与管理的数据库，单元信息库可以添加、编辑单元信息。单元信息的数据元素包括：标识号、内容、创作者、来源文献、主题、类型、格式。单元信息存储数据库结构如表 6-2 所示。

表 6-2　单元信息存储数据库结构

序号	字段名	字段类型	允许为空	备注	主 / 外键
1	Resource	varchar（64）	YES	来源文献	外键
2	Content	longtext	NO	内容	
3	UID	int（11）	NO	标识号	主键
4	Subject	varchar（64）	NO	主题	
5	Creator	varchar（64）	NO	创作者	外键
6	Type	varchar（64）	NO	类型	
7	Format	varchar（64）	NO	格式	

在养生单元信息组织资源体系中还包括相关人物，人物库主要实现相关人物信息的上传、存储和管理。人物数据库结构如表 6-3 所示。

表 6-3　人物数据库结构

序号	字段名	字段类型	允许为空	备注	主 / 外键
1	Name	varchar（64）	NO	姓名	
2	Gender	varchar（64）	NO	性别	
3	Title	varchar（64）	YES	职称	
4	affiliation	varchar（64）	YES	从业单位	
5	Topic Interest	varchar（255）	YES	研究方向	
6	Publication	varchar（255）	YES	作品	外键
7	Unit Information	varchar（500）	YES	单元信息	外键
8	Pid	int（11）	NO	ID	主键

6.3.1.2　单元信息抽取

单元信息的抽取是系统功能模块的核心。本平台采用人工抽取和自动抽取相结合的方式完成对单元信息的抽取。单元信息可以被批量导入，也可以通过对上传的文献资源进行单元信息抽取。在文献库的上传过程中可同时完成单元信息的抽取和来源信息的标注，建立起单元信息和来源文献的关联。其中，单元信息的自动抽取是根据单元信息资源的特点，设计解析插件对该类资源进行结构化描述，利用正则匹配的方式结合各种类型单元信息的描述规则，抽取数值类、观点类、事实类、方法类、原理类和定义类等具有不同结构特点的单元信息内容。

调用正则匹配进行单元信息抽取，其结果的 Java 代码如图 6-3 所示：

```java
// 将获取的文档各部分值赋值给Unit实例
public static Unit transform(List<String> content) {
    Unit theunit = factory.createUnit();
    theunit.setLabel(Extract.getLabel(content));
    theunit.setKeyword(Extract.getKeyword(content));
    theunit.setName(Extract.getName(content));
    theunit.setCreator(Extract.getCreator(content));
    theunit.setPublisher(Extract.getPulisher(content));
    theunit.setPublishdate(Extract.getPublishdate(content));
    theunit.setISBN(Extract.getISBN(content));
    theunit.setURI(Extract.getURI(content));
    theunit.setType(Extract.getType(content));
    theunit.setContenttype(Extract.getContenttype(content));
    theunit.setFormat(Extract.getFormat(content));
    theunit.setContent(Extract.getContent(content));
    theunit.setSourceId(Extract.getSourceId());
    return theunit;
}


@Override
public List<Unit> resource2PfbModel(String uploader,
                                    Map<String, Object> map) {
    Object o = map.get(MapKeyConstant.FilePath);
    if (o == null) return null;
    String filepath = (String) o;
    String query = "";
    try {
        query = FileUtility.readFileByPath(filepath);
        query = TextAnalyseUtil.trim(query);
    } catch (IOException e1) {
        // TODO Auto-generated catch block
        e1.printStackTrace();
    }
```

图 6-3　单元信息自动抽取的部分代码示例

在"文献库管理"界面，如图 6-4 所示，管理员可管理已导入的数字资源全文相关内容，进入系统后台界面对相关数字资源内容进行编辑、修改、更新。如果有合适的文献资源，可以到系统后台界面添加新的文献库信息。

图 6-4　图书索引界面

如图 6-5 所示，文章索引显示目前所有的文献，管理员点击"编辑"，进入编辑文献信息页面，点击"标签"后进入添加文献段落、标签信息页面。点击页面右上角"添加文章"进入添加新文献页面。

图 6-5　文章索引界面

在文献库的上传过程中系统可同时完成单元信息的抽取和来源信息的标注，建立起单元信息和来源文献的关联。点击"单元信息抽取"模块的"自动抽取"，可选择处理语料资源的"语言"，在"语料类型"下拉菜单中找到要抽取的单元信息类型对应的 Schema 名称，如观点类选择"opinion.xsd"，资源解析工具的字段会自动关联显示为"观点类解析插件"，解析颗粒度的字段显示为"单元信息"，选择要处理的图书 / 期刊 / 报纸名，点击"提交"，即可按照分类实现单元信息的自动抽取，如图 6-6 所示。

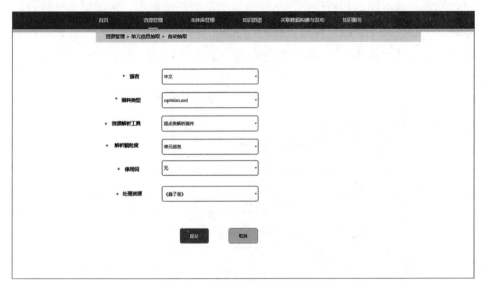

图 6-6　单元信息自动抽取界面

6.3.2　本体库模块的设计与实现

本体库模块用于领域本体的构建与管理，实现领域本体词汇、属性和关系的抽取、可视化展示等功能。本系统采用 IntelliJ IDEA 作为开发工具，前台开发语言为 JavaScript，后台开发语言为 Java，能够将前台上传的结构化词表自动转换为本体中的概念，利用基于结构化和半结构化文本的属性自动提取技术，完成从知识密集型文本片段中提取属性特征。本体库模块主要用于完成上述工作流程，实现本体构建、本体查看、本体可视化功能。

6.3.2.1 本体构建

本体构建是本体库模块的核心，主要包括词汇构建、属性构建和关系构建。本体构建中的词汇构建主要是进行结构化词表的复用和转换；属性构建主要通过特征提取算法和特征词合并算法，对结构化半结构化文本和非结构化文本语料进行处理，提取符合要求的属性；关系构建主要通过对专业教材和文献的格式化处理，将包含在数据块中的概念、属性和属性值进行分层比对，从而提取属性关系。以养生领域为例，本模块通过本体词汇、属性和关系的自动构建，形成领域本体的初始模型，结合领域文献资料的扩展，对领域本体进行动态补充。用户交互界面直接通过各种词表和语料的上传，与后台本体初始模型比对，进行"本体构建"。本体构建的部分后台代码如图 6-7 所示：

```
180    /**
181     * 创建本体
182     * @return
183     * @throws IOException
184     */
185    public void importOntology() throws IOException{
186        UserEntity user = chechUser() ;
187        String importFileType=request.getParameter("importFileType");   //导入RDF=0;导入TAB分隔叙词表=1
188        String ontologyName=request.getParameter("ontologyName");//本体名称
189        boolean  flag = false ;
190        boolean  eflag = ontologyService.isOntologyNameExist(ontologyName);
191
192        String ontpath = root + user.getLoginName() + File.separatorChar + ontologyName+File.separatorChar ;
193        if(!eflag){
194            if(importFileType.equals("0")){
195                String redUfileId = request.getParameter("rdfFilePath");
196                UpFile rdfUpfile = upfileService.findById(Integer.parseInt(redUfileId));
197                String rdffilePath= rdfUpfile.getNewFileName();//RDF文件路径
198                String path = root + user.getLoginName() + File.separatorChar +ontologyName+File.separatorChar+ ContentUtil.OntologyRDF + File.separa
199                try {
200                    flag =  OntologyUtility.createOntology(ontologyName, user, importFileType, path, null, null);
201                    LogHelper.doLog(OntologyAction.class, "导入模型完成!本体名称: " + ontologyName+ "..."+ flag);
202                } catch (Exception e) {
203                    LogHelper.doErrLog(OntologyAction.class, ontologyName+"导入模型失败:"+e.getMessage(),e);
204                    e.printStackTrace();
205                }
206            }else if(importFileType.equals("3")){
207
208
209
210                String chmUfileId = request.getParameter("thesaurusFilePath"); // 概念属性文件
211                UpFile chmUpfile = upfileService.findById(Integer.parseInt(chmUfileId));
212                String thesaurusFile=chmUpfile.getNewFileName();
213                String pathdicexcle = ontpath +ContentUtil.OntologyDic + File.separatorChar + thesaurusFile ;
214
215                String propertyUpfileId=request.getParameter("batchPropertyFilePath");//批量属性文件路径
216                UpFile propertyUpfile = upfileService.findById(Integer.parseInt(propertyUpfileId));
217                String propertyFile = propertyUpfile.getNewFileName();
218                String pathpropertyFileexcle =   ontpath+ ContentUtil.OntologyAttribute + File.separatorChar + propertyFile ;
219
```

图 6-7　本体构建部分后台代码

管理员通过输入"本体名称"，上传词典文件、属性文件、概念同义词典、属性同义词典和停用词词典等，传输结束后，点击"创建本体"，完成创建本体的操作，如图 6-8 所示。

图 6-8   本体构建界面

6.3.2.2   本体查看

本体查看是本体构建结果的检验。本体查看主要通过 SPARQL 语句对已经构建好的本体概念、属性和关系进行查询和推理。查询结果通过用户交互界面告知，如系统遇语法错误、本体中不相关概念等问题，弹出窗口直接告诉用户错误原因。界面展示使用层级结构来表示，使用户能够明确知道查询的位置及本体概念相关信息，例如一级类目、二级类目、属性值等等，如图 6-9 所示。

进入"本体查看"模块，可以查看已创建本体的类和属性。点击"+"栏的图标可手动添加同级类、子类，点击"回"的图标可删除类。

6.3.2.3   本体可视化

本体可视化是对已构建好的本体概念及关系进行语义化的展示。该功能主要是对本体层级关系进行浏览和递增式导航，能够对各种关系进行关联和推理；使用不同的形状和色彩模式来区分不同的概念，不同的线条和箭头方向表示不同的关系推理，并能将各类层级关系输出为各种图像格式。

点击按钮"可视化"可将本体中的类、属性和关系进行直观展示，支持交

互操作。养生领域本体展示如图 6-10 所示:

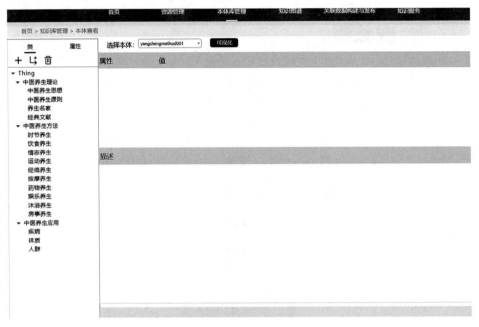

图 6-9　本体查看界面

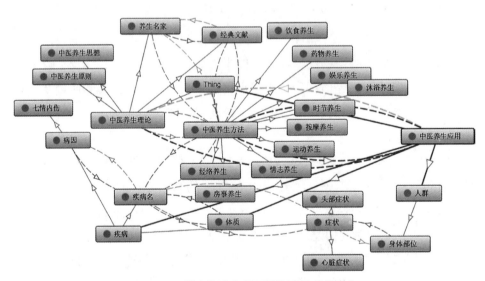

图 6-10　养生领域本体可视化展示（部分）

6.3.3　知识图谱模块设计

知识图谱用于组织和存储单元信息抽取出来的实体及关联，实现单元信息的语义检索。知识图谱模块的主要功能包括单元信息语义解析、知识可视化展示。本系统的知识图谱由模式层和数据层两部分构成，模式层用于以图谱方式组织领域本体，数据层用于组织单元信息的实体及关联。本平台的模式层是将构建好的领域本体与 Neo4j 图数据库相融合，把本体模型中的类以及类间关系映射到图数据库中；数据层采用 Bi-LSTM+CRF 和 CNN 神经网络模型完成实体关系自动抽取。

6.3.3.1　模式层构建

知识图谱的模式层主要涵盖领域本体的概念层级关系、属性关系以及实体的类型定义和实体的属性定义。以养生领域为例，本平台的模式层来源于已经建好的领域本体，采用 Neo4j 图数据库进行存储。

从 OWL 到 Neo4j 的存储转换过程如图 6-11 所示：

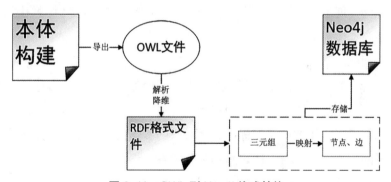

图 6-11　OWL 到 Neo4j 格式转换

整个存储过程主要包括：（1）将 OWL 文件进行 RDF 数据格式的解析降维；（2）对 RDF 数据和 Neo4j 图数据库模型进行映射；（3）将映射后的数据存储入库。在数据映射环节，先将 OWL 领域本体进行解析，降维成多个一维的 RDF 数据格式，再将其映射成基于 Neo4j 存储模式的图模型，最后存储到 Neo4j 图数据库中。

通过对 RDF 数据和 Neo4j 图数据库模型进行转换映射并存储，结果如图 6-12 所示：

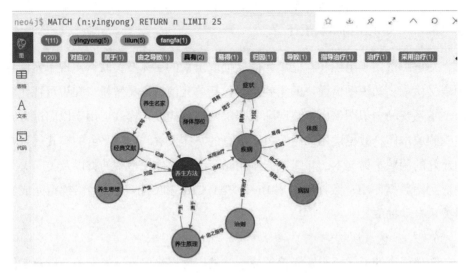

图 6-12　高血压养生领域本体示意图

6.3.3.2　数据层构建

数据层主要是对单元信息所包含的实体和关系进行抽取，通过三元组的形式进行存储与展示。实体和关系的自动抽取，是数据层通过模型学习手工标注样本并结合本体定义来完成的。

1. 手动标注实体与关系

单元信息的手工标注是管理员按照本体的规范提取出单元信息中蕴含的语义关联，具体就是提取单元信息的实体及其关系。实体是本体在单元信息中出现的实例，对于实体的标注即标出其所对应的本体概念；关系的标注就是按照本体关系的定义标出一对实体之间的关联关系。

实体标注页面如图 6-13 所示，在左侧列表中单击选中某个本体词汇后，在文本区域中可以标注实体。平台支持两种标注方式：

①滑动鼠标标注：使用鼠标左键滑动选中文本片段，松开左键后完成一次实体标记。

②文本起始位置点击标注：在想要进行标注的文本片段的开始位置点击一次鼠标左键，接着再在结束位置点击一次鼠标左键，完成一个实体的标记。

在完成单次标记后，被选定的文本片段背景会高亮，并显示其对应的本体词汇，如实体"滋补肝肾"对应的本体词汇是"养生方法"。

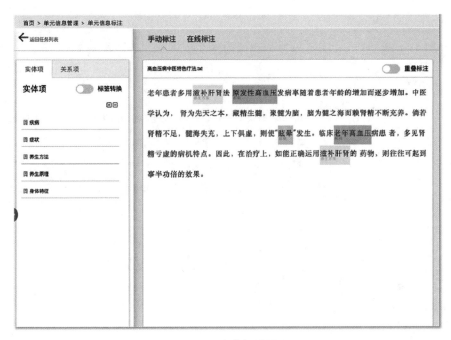

图 6-13　实体标注页面

　　关联标注过程和实体标注过程类似，首先在左侧添加关系类型，关系类型是在本体中所定义好的，这里直接选择即可。如图 6-14 左下角所示，以"疾病 - 有 - 症状"为例，这个三元组定义了"疾病"和"症状"两个本体概念之间的一组关系，单击选中三元组中的本体概念，可在右侧选中本体概念对应的实体，如"疾病"对应"老年高血压"，"症状"对应"眩晕"，将三元组中的本体概念对应的实体进行标注后，一个关系的标注完成。

　　2. 自动标注实体与关联

　　本平台采用 Bi-LSTM+CRF 模型进行单元信息文本实体抽取。其中 Bi-LSTM 是具有门结构的双向长短时循环神经网络，能够学习上下文依赖关系；CRF 是条件随机场模型，通过发射矩阵和转移矩阵学习文本序列标注结果的全局关系，从而保证 Bi-LSTM 模型输出标注序列的合理。实体抽取过程是将人工 BIO 标注的单元信息文本转成词向量文件，并作为输入训练实体识别模型，Bi-LSTM 模型用于特征提取，CRF 模型用于实体标注，从而识别单元信息的命名实体。基于 Bi-LSTM+CRF 模型的单元信息的命名实体识别过程如图 6-15 所示。

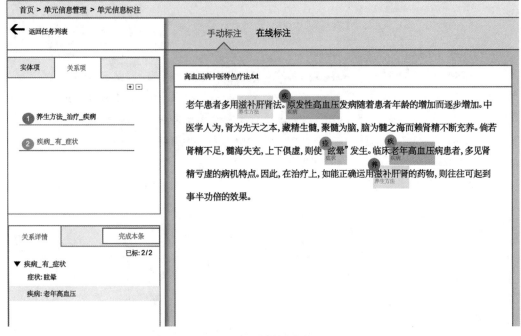

图 6-14　关联标注页面

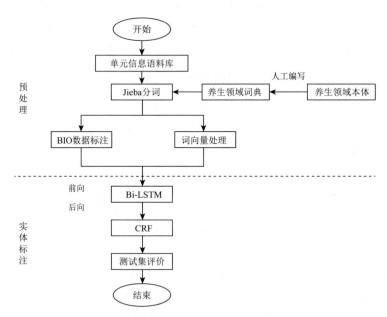

图 6-15　养生领域单元信息的命名实体识别过程

　　在预处理过程中，主要包括语料预处理、训练词向量和序列标注。首先，根据 5.2 小节构建的本体，将本体中的概念构建领域词典用于分词；其次，使用 Jieba 对单元信息语料库中的句子进行分词与词性的标注；然后通过开源软件 word2vec 的 CBOW 模型进行词向量训练，得到词向量文件；之后，采用 BIO 标注法将词性标注后的单元信息文本数据进行序列标注。

　　在实体标注过程中，主要将测试语料导入模型进行训练和实体识别。语料经过预处理后，输入实体标注模块进行模型训练。基于 Bi-LSTM + CRF 模型的实体标注是通过 Bi-LSTM 层进行特征提取，CRF 层进行命名实体标注。首先，将本研究标注的单元信息样本数据输入到模型中进行预训练，在加载训练集与测试集后，使用 Bi-LSTM 获取文本中词向量序列特征并存储在输出的数值向量中，并作为 CRF 模型处理标签之间的依赖关系信息，选择出预测序列完成的实体识别。模型训练后，重新加载模型，将预测文本输入，最终识别出单元信息文本中的实体。Bi-LSTM+CRF 模型的部分代码如图 6-16 所示：

```
## get char embeddings
word2id = read_dictionary(os.path.join('.', args.train_data, 'word2id.pkl'))
if args.pretrain_embedding == 'random':
    embeddings = random_embedding(word2id, args.embedding_dim)
...
paths = {}
timestamp = str(int(time.time())) if args.mode == 'train' else args.demo_model
output_path = os.path.join('.', args.model + "/save")
if not os.path.exists(output_path): os.makedirs(output_path)
summary_path = os.path.join(output_path, "summaries")
paths['summary_path'] = summary_path
if not os.path.exists(summary_path): os.makedirs(summary_path)
model_path = os.path.join(output_path, "checkpoints/")
if not os.path.exists(model_path): os.makedirs(model_path)
ckpt_prefix = os.path.join(model_path, "model")
paths['model_path'] = ckpt_prefix
result_path = os.path.join(output_path, "results")
paths['result_path'] = result_path
if not os.path.exists(result_path): os.makedirs(result_path)
log_path = os.path.join(result_path, "log.txt")
paths['log_path'] = log_path
get_logger(log_path).info(str(args))

...
ckpt_file = tf.train.latest_checkpoint(model_path)
print(ckpt_file)
paths['model_path'] = ckpt_file
model = BiLSTM_CRF(args, embeddings, tag2label, word2id, paths, config=config)
model.build_graph()
saver = tf.train.Saver()
with tf.Session(config=config) as sess:
    print('============ demo =============')
    saver.restore(sess, ckpt_file)
    while 1:
        print('Please input your sentence:')
        demo_sent = param.content
        #
```

图 6-16　Bi-LSTM+CRF 模型的部分代码

本平台采用 CNN 神经网络方法进行关系抽取。基于深度学习的关系分类方法，尝试使用各种不同类型的神经网络进行语义特征提取，探索不同类型的神经网络在关系分类问题上的特征提取能力。句子的语义特征提取是关系抽取深度学习方法的核心能力，关系抽取模型中使用的不同类型的神经网络，主要差异在于它们提取句子语义特征的特点不同。基于神经网络的关系抽取方法的基本流程如图 6-17 所示：

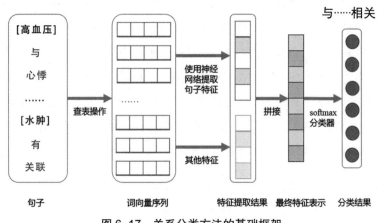

图 6-17　关系分类方法的基础框架

①输入层初始化。对句子中的每个词做查表操作，得到每个单词的词向量，形成词向量序列，实现输入层的初始化。

②句子语义特征提取。使用各种神经网络模型，对输入层做语义特征提取，输出句子级别的语义特征表示。

③其他特征提取。提取其他特征，比如实体的上下文特征、使用外部NLP 工具得到的特征。

④特征拼接。将句子语义特征与其他特征做向量拼接，生成最终的特征表示，作为后续分类器的输入。

⑤关系分类。分类器一般是以 softmax 层为输出层的前馈神经网络，以最终的特征表示作为输入，输出各种关系类别的置信度，并选择置信度最高的类型作为分类结果。

在单元信息标注页面中选择"自动抽取"选项，创建抽取模型，并设置模型学习数据集和其他参数，如图 6-18 所示。

图 6-18   抽取模型设置页面

设置完成后的模型按照设置参数进行训练，训练过程中可以查看模型的训练进程与训练时间，如图 6-19 所示。

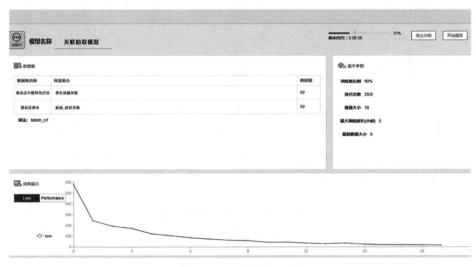

图 6-19   抽取模型训练

模型训练完成后，在标注界面中选择训练完成的模型，即可对未进行标注的单元信息中的实体与关联进行自动的抽取。

对单元信息标注完成后，平台可以直接将标注结果导出，导出后的结果可以直接导入到图数据库中。每条单元信息的导出结果主要包括其中出现的实体和关联两部分。实体部分主要标引出了该实体所属的本体类别，包括父类及子类，如表 6-4 所示；关联部分以三元组的形式呈现出该条单元信息中实体与实体之间存在的关系，如表 6-5 所示。

表 6-4　实体标注数据导出格式

父类	子类	实例
名称	高血压	老年高血压
症状	头面症状	眩晕
养生方法	药物养生	滋补肝肾
养生原理	协调脏腑	滋补肝肾

表 6-5　关联标注数据导出格式

主体（subject）	谓词（predicate）	客体（object）
滋补肝肾药物	治疗	老年高血压
老年高血压	由……治疗	滋补肝肾药物
滋补肝肾药物	治疗	眩晕
眩晕	由……治疗	滋补肝肾药物

本平台所采用的基于深度学习的中文实体及关系抽取算法的准确率及召回率，如表 6-6 所示，具有较高的抽取精度，配合人工审核，能够有效地提高标注及抽取的效率及精确度。

表 6-6　抽取算法准确率及召回率

抽取任务	准确率	召回率
实体抽取	95.3%	90.4%
关联抽取	84.2%	80.3%

利用上述构建方法对所有的实体及关联数据进行处理，就可以构建出由节

点和边构成的语义网络知识图谱，数据层构建效果如图 6-20 所示。

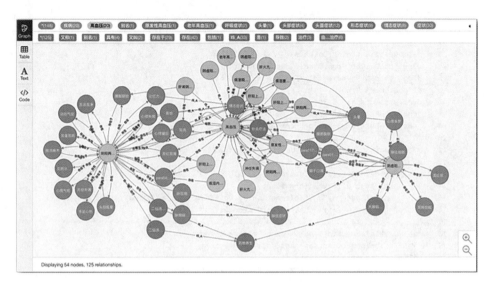

图 6-20　数据层效果图

6.3.4　关联数据构建与发布模块的设计与实现

在 4.4.2.2 小节中设计了单元信息资源关联模型，在本节中将采用 MySql 数据库对实例数据进行有序存储，并将借助 D2RQ 平台将关系表转换为 RDF 格式数据，实现对外发布。本模块将单元信息类、来源文献类和人物类转化为表，详细信息如前文表 6-1、表 6-2、表 6-3 所示。

6.3.4.1　从关系表到关联数据的映射

资源的融合实现过程就是将某一领域的单元信息相关资源，根据前文设计的资源关联模型的语义关系以关系型数据库的形式存储，进而使用 D2RQ mapping 将数据映射成文件后缀名为 .n3 的 RDF 文件，在使用 mapping 组件进行数据映射的同时也完成了关联关系的自动化创建，此时每一个资源对象都拥有了一个唯一的 URI 标识，然后将蕴含关联关系的映射文件进行发布，最终以浏览器形式展示资源之间的互联。具体实现过程如下：

首先，在命令提示符中输入 cd d2r 指令启动 D2R 程序，进而输入映射命令符 generate-Mapping –u root –p 123123 –d com.mysql.jdbc.Driver –o healthdb.n3 jdbc：mysql://localhost/healthdb 生成映射文件 healthdb.n3 文件，对关联的外部

数据需要在映射文件的列向属性中添加 URI 前缀才能使外链生效。部分映射文件的代码内容如图 6-21 所示：

```
2
3    map:database a d2rq:Database. //访问数据库过程
4        d2rq:jdbeDriver "com.mysql.jdbc.Driver";
5        d2rq:jdbcDSN "jdbc:mysql://localhost/healthdb";
6        d2rq:usemame "root";
7        d2rq:password "123123";
8        jdbc:autoReconnect "true";
9        jdbc:zeroDateTimeBehavior "convertToNull";
10
11   #Table UnitInformation//对"UnitIformation"表的映射过程
12   map: UnitInformation a d2rq:ClassMap;
13       d2rq:dataStorage map:database;
14       d2rq:class ui:UnitInformation;
15       d2rq:uriPattern "UnitInformation/@@ UnitInformation .UID@@";//生成唯一URI过程
16       d2rq:classDefinitionLabel "UnitInformation"
17
18   map: UnitInformation_label a d2rq:PropertyBridge;
19       d2rq:belongToClassMap map: UnitInformation;
20       d2rq:property rdfs:label;
21       d2rq:pattern "UnitInformation #@@ UnitInformation .UID@@";
22
23   map: UnitInformation_identifier a d2rq:PropertyBridge;
24       d2rq:belongsToClassMap map: UnitInformation;
25       d2rq:property dcterms:identifier;
26       d2rq:propertyDefinitionLabel "UnitInformation UID";
27       d2rq:colum "UnitInformation.UID";
28
29   map: UnitInformation_title a d2rq:PropertyBridge;
30       d2rq:belongsToClassMap map: UnitInformation;
31       d2rq:property dcterms:title;
32       d2rq:propertyDefinitionLabel "UnitInformation title";
33       d2rq:colum "UnitInformation.title";
34   ……
35   map:UnitInformation a d2rq:PropertyBridge;
36       d2rq:belongsToClassMap map:UnitInformation;
37       d2rq:property foafx:createdUI;
38       d2rq:refersToClassMap map:Person;
39       d2rq :join "UnitInformation.UID => Person.UnitInformation";//定义表间的映射关系
40
```

图 6-21   中医养生领域资源关联数据的部分映射文件代码

其次，本模块利用 D2RQ Engine 部件实现对映射文件数据的转化。D2RQ Engine 的主要功能是使用一个可定制的 D2RQ Mapping 文件将关系型数据库中的数据转换成 RDF 格式。D2RQ Engine 并没有将关系型数据库发布成真实的 RDF 数据，而是使用 D2RQ Mapping 文件将其映射成虚拟的 RDF 格式。该文件的作用是在访问关系型数据库时将 RDF 数据的查询语言 SPARQL 转换为 RDF 数据的查询语言 SQL，并将 SQL 查询结果转换为 RDF 三元组或者 SPARQL 查询结果。D2RQ Engine 是建立在 Jena 的接口之上，其中 Jena 是一个创建 Semantic Web 应用的 Java 平台，它提供了基于 RDF、SPARQL 等语言的编程环境。

6.3.4.2 资源关联数据的发布

本模块使用 D2RQ 平台自带的 server 发布功能，在命令行中输入相关语句即可发布关联数据。具体做法是在 D2R server 中输入 d2r-server healthdb.n3 命令对修改后的映射文件进行发布，在浏览器中输入 localhost：2020 进入到关联数据的首页。关联数据提供 HTML 视图、RDF 视图和 SPARQL 三种访问方式，如图 6-22 所示。

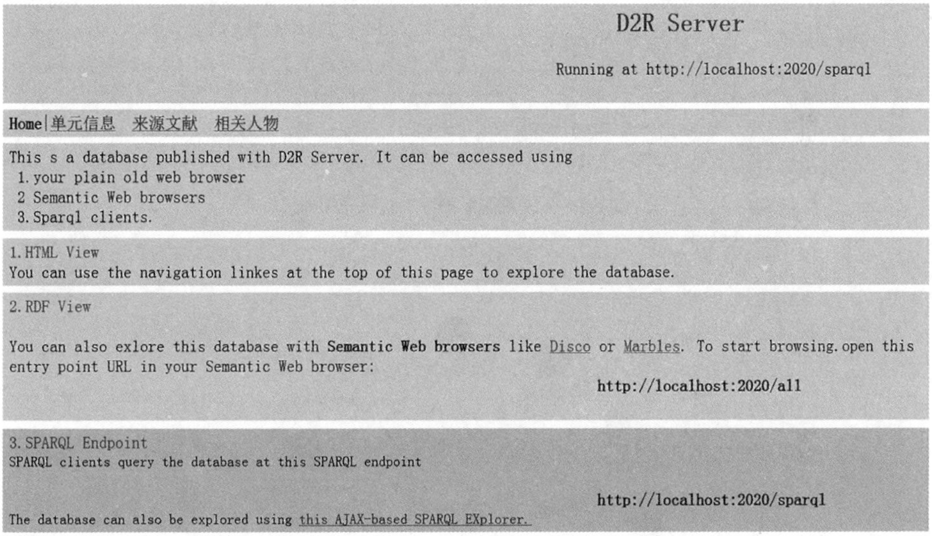

图 6-22 D2R Server 关联数据发布页面

关联数据发布页面与本书设计的资源关联模型的实体类相对应，在页面顶端共出现单元信息、来源文献、相关人物三个资源实体类的入口。点击任意类名，即可进入相关类目实例资源关联数据形式的浏览页面。

6.3.5 知识服务模块的设计与实现

单元信息知识服务平台通过使用 B/S 浏览器的方式管理资源并提供知识检索和浏览服务，支持网页的动态发布，不仅可以提供检索结果相关的信息单元，还可以将单元信息中蕴含的语义关联以知识图谱的形式可视化地展现出来，是一个面向知识单元内容管理、发布和增值利用的服务平台。

6.3.5.1　知识检索

知识检索为用户提供了通过自然语言来检索单元信息及图谱的功能，检索模块基于知识库中的知识图谱开发而成，由于知识图谱数据层中的实体节点存储了与其相关的单元信息索引，因此对于单元信息的检索是通过对知识图谱中的实体节点检索实现的。知识检索提供实体检索、本体检索、语义推理检索三种检索模式，通过何种模式检索由系统判别，无需用户选择。

实体检索与传统的关键词检索类似，当系统判别用户输入中仅含有实体内容时即采用实体检索模式，可以检索到对应实体及相关单元信息。如检索"《黄帝内经》"，检索结果如图 6-23 所示。

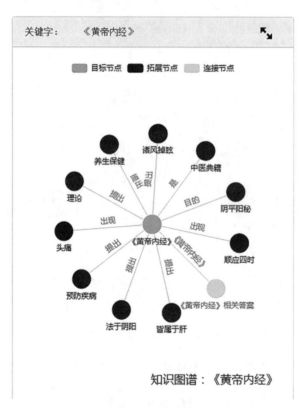

图 6-23　实体检索结果部分效果图

本体检索可以检索到某一本体对应的所有实体及相关单元信息，如"中医名家""中医典籍""养生方法"等。以"中医名家有哪些"为例，其检索原理

如图 6-24 所示，首先在知识图谱模式层中找到对应本体"中医名家"，之后
以该本体中存储的实体索引找到对应的实体"张仲景""孙思邈"等，检索结
果如图 6-25 所示。

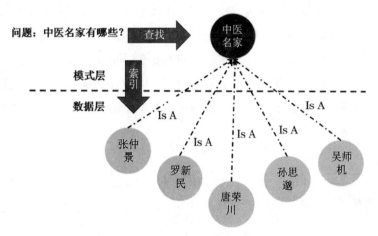

图 6-24　本体检索原理图

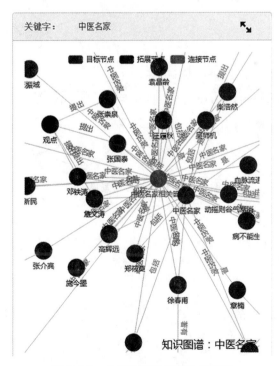

图 6-25　本体检索结果部分效果图

　　语义检索通过识别用户所输入的自然语言中的语义信息进行语义推理，可以检索如"高血压有哪些养生方法？""高血压的症状"等类问题。语义检索以"高血压领域的中医名家？"为例，其推理原理如图 6-26 所示，首先在知识图谱模式层中发掘用户输入内容中的实体及本体之间蕴含的语义关联，确定语义关联后根据该关联构造检索语句，用检索语句在数据层完成检索，找到目标实体及其对应的单元信息，检索结果如图 6-27 所示。

　　用户通过知识检索功能不但能从单元信息库中直接获得自己所需要的单元信息，还能通过关系网络发现更多密切相关的单元信息知识，进而使用户的知识需求得到全面满足。

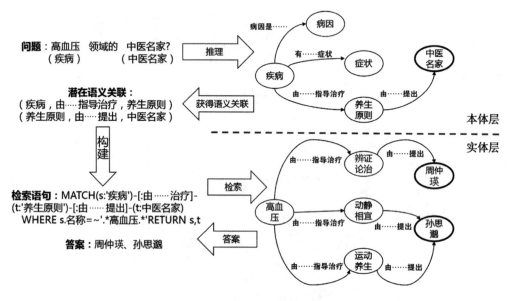

图 6-26　语义推理检索原理图

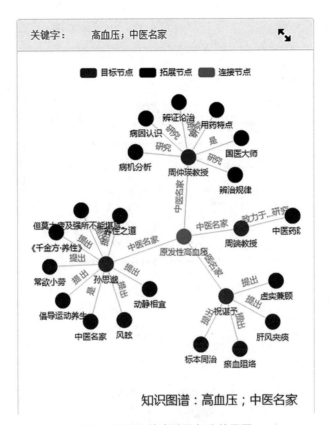

图 6-27 语义检索结果部分效果图

6.3.5.2 知识浏览

知识浏览是用户通过检索即可浏览检索结果相关的单元信息，单元信息的呈现方式以文本及可视化知识图谱的形式进行展现。除了通过检索的方式，平台页面左侧还提供了浏览导航，用户可以通过选择自己感兴趣的主题及关键词进行单元信息的浏览。知识检索结果可通过可视化形式在页面右侧进行展现，如图 6-28 所示。

用户可以通过浏览页面右侧提供的可视化知识图谱，如图 6-29 所示，以最直观的形式查看单元信息中蕴含的语义关联。图谱中的节点即为单元信息中出现的实体，图谱中的边即为实体与实体之间的语义关联。为了方便用户在检索结果上进一步进行拓展，发掘更多潜在的知识，知识图谱可以在当前的检索节点上进一步展开出更详细的拓展节点，用户点击图谱中的节点，即可在左侧找到该节点对应的单元信息文本。

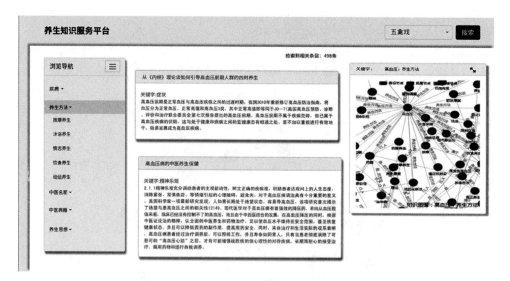

图 6-28　知识浏览页面

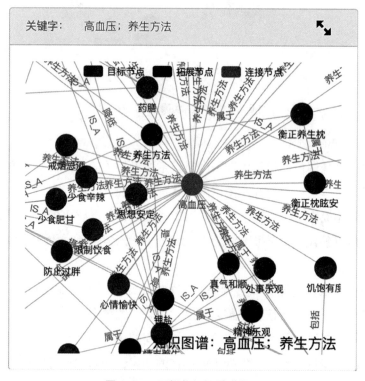

图 6-29　可视化知识图谱展示

图谱中的节点分为目标节点、拓展节点、连接节点。目标节点是检索结果涉及的实体节点；拓展节点和目标节点是存在关联关系的部分节点，用于为用户提供拓展的知识服务；连接节点是用于将目标节点进行连接从而构成一个完整的图的节点。通过点击图谱上部的节点过滤按钮可以使得图谱不显示对应类型的节点，使得用户能够更有针对性地观察某类节点，如图 6-30 所示。

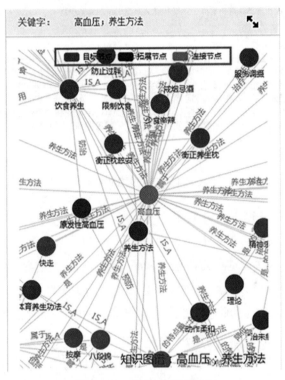

图 6-30　节点过滤示意图

点击图谱中的节点可以显示与该节点相关的单元信息内容，如图 6-31 所示。

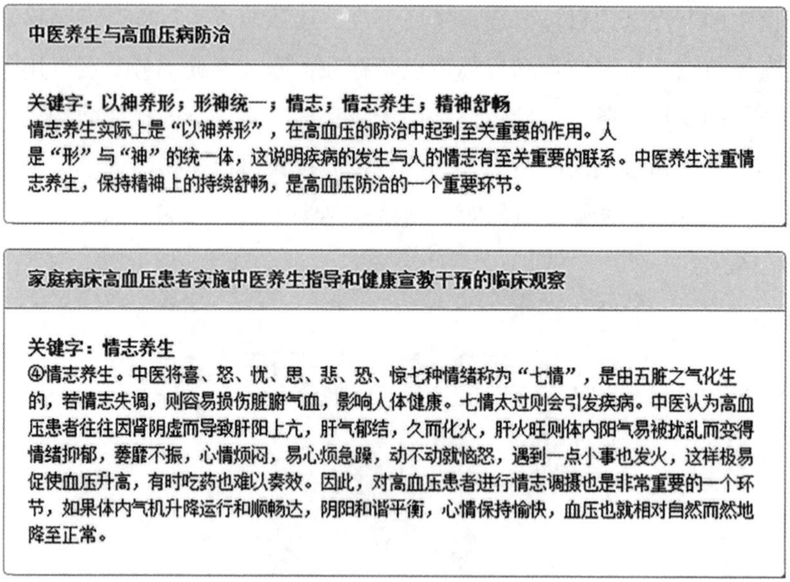

中医养生与高血压病防治

关键字：以神养形；形神统一；情志；情志养生；精神舒畅
情志养生实际上是"以神养形"，在高血压的防治中起到至关重要的作用。人是"形"与"神"的统一体，这说明疾病的发生与人的情志有至关重要的联系。中医养生注重情志养生，保持精神上的持续舒畅，是高血压防治的一个重要环节。

家庭病床高血压患者实施中医养生指导和健康宣教干预的临床观察

关键字：情志养生
④情志养生。中医将喜、怒、忧、思、悲、恐、惊七种情绪称为"七情"，是由五脏之气化生的，若情志失调，则容易损伤脏腑气血，影响人体健康。七情太过则会引发疾病。中医认为高血压患者往往因肾阴虚而导致肝阳上亢，肝气郁结，久而化火，肝火旺则体内阳气易被扰乱而变得情绪抑郁，萎靡不振，心情烦闷，易心烦急躁，动不动就恼怒，遇到一点小事也发火，这样极易促使血压升高，有时吃药也难以奏效。因此，对高血压患者进行情志调摄也是非常重要的一个环节，如果体内气机升降运行和顺畅达，阴阳和谐平衡，心情保持愉快，血压也就相对自然而然地降至正常。

图 6-31　节点过滤文本信息

6.3.5.3　关联数据查询与浏览

在单元信息关联数据发布平台上，如图 6-32 所示，用户逐个选择导航栏中的实体，可以依次浏览单元信息、来源文献、相关人物等实体内的所有内容的目录。该模块可以以任意实例资源为起点，沿着关联数据所构建的 RDF 语义链接，访问并获取以列表形式显示的相关实体的详细信息和以 URI 地址链接形式呈现的关联项。关联数据的查询与浏览在实现数据互联的同时，还可以帮助用户挖掘深层次的语义关联信息，比现有项目的单一线性化组织更加便利和智能。

单元信息示例

Home ｜ 单元信息　来源文献　相关人物

- unitInformation # 00001 高血压病因
  http://localhost:2020//unitInformation/0000-0001-4221-6211
- unitInformation # 00002 养生方法
  http://localhost:2020//unitInformation/0000-0001-5115-4919
- unitInformation # 00003 养生名家观点
  http://localhost:2020//unitInformation/0000-0001-6269-1261
- unitInformation # 00004 体质养生
  http://localhost:2020//unitInformation/0000-0001-1327-9471

来源文献示例

Home ｜ 单元信息　来源文献　相关人物

- resource # 00001 中医养生健康教育对高血压患者生活方式的影响
  http://localhost:2020//resource/0000-0002-2733-3411
- resource # 00002 传统养生功法练习对老年男性高血压患者身体形
  http://localhost:2020//resource/0000-0002-8802-7169
- resource # 00003 应用《黄帝内经》体质理论指导高血压的防治
  http://localhost:2020//resource/0000-0002-4811-1608
- resource # 00004中医"治未病"理论在社区高血压病管理中的应用
  http://localhost:2020//resource/0000-0002-1430-2191

相关人物示例

Home ｜ 单元信息　来源文献　相关人物

- person # 00001 亓亚豐
  http://localhost:2020//person/0000-0003-4274-9998
- person # 00002 易容
  http://localhost:2020//person/0000-0003-4088-3087
- person # 00003 张海平
  http://localhost:2020//person/0000-0003-2996-6213
- person # 00004 张水馨
  http://localhost:2020//person/0000-0003-7958-4614

图 6-32　类目信息展示

基于 D2RQ 平台所提供的 SPARQL 关联数据语义查询接口，用户还可以直接在客户端编辑 SPARQL 查询语言，根据资源的 RDF 语义描述特征检索所需的资源信息。在本系统中检索出人物"司亚雪"的属性和相关资源的 SPARQL 检索式如图 6-33 所示：

```
1
2    //规定查询输出的结果形式
3    SELECT DISTINCT ? property ? hasValue ? isValueOf
4    //限制查询约束条件
5  ∨ WHERE{
6        {<http://localhost:2020/person/000-0003-4274-9998> ? property ? hasValue}
7        UNION
8        {? isValueOf ? property <http://localhost:2020/person/000-0003-4274-9998 >}
9    }
10   ORDER BY (! BOUND(? hasValue))? Property ? hasValue ? isValueOf;
11   |
```

图 6-33 SPARQL 查询语句

6.4 养生单元信息组织体系的实证演示

本节主要是对单元信息知识服务平台的技术设计利用实例进行实证演示，确保平台设计方案完成预期目标。具体来说本节将以文章《中医养生与高血压防治观察》中截取的单元信息为例，演示资源管理、知识图谱构建和知识服务等模块功能的预期目标。

6.4.1 上传文献

上传文献是对单元信息进行抽取和存储的第一步，演示描述如表6-7所示。

表 6-7 上传文献演示描述

演示编号	0001	模块名称	资源管理
用例名称	上传文献	演示类型	功能演示
预置条件	无		

续表

操作步骤	输入文章标题、作者、ISBN，选择类别，上传文件； 点击"上传"按钮； 访问文章索引页面。
预期结果	能够查看到已上传的文章信息。

首先进入文献管理页面，创建新的文献，然后填写文献题目、类别等信息，演示效果如图 6-34 所示。

图 6-34　新建文献演示效果图

创建文章成功后即可在文献管理页面查看和编辑已经创建的文章，演示效果如图 6-35 所示。

词条索引	**文章索引**		+添加文章
内容	**作者/标题**		**操作**
高血压属中医"眩晕"范畴，发病主要与肝有直接关系，多由于饮食、情志所伤所致，病机主要为肝阳上亢，肾精不足，气血亏虚…	**管理员** 中医养生高血 压防治与观察		编辑　删除　标签

图 6-35　文献管理页面演示效果图

6.4.2　手动抽取单元信息

手动抽取单元信息是通过对已经上传的文献进行人工标注实现单元信息的抽取，演示描述如表 6-8 所示。

表 6-8　手动抽取单元信息演示描述

演示编号	0002	模块名称	资源管理
用例名称	手动抽取单元信息	演示类型	功能演示
预置条件	已上传文献资源		
操作步骤	访问"资源管理—文献库管理—片段标注"； 手动选取单元信息内容； 点击"添加"。		
预期结果	访问"资源管理—文献库管理—单元信息资源库—片段标注"可查看手动标注的单元信息内容。		

在单元信息管理模块，管理员可以截取文献库中的文献形成信息单元，截取方式为通过鼠标滑动选取单元信息内容，效果如图 6-36 所示。

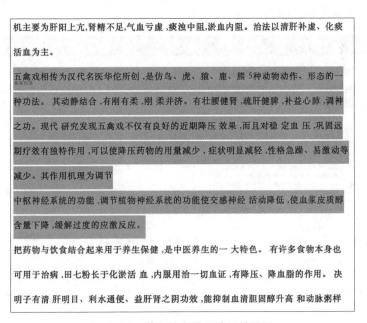

图 6-36　截取信息单元演示效果图

6.4.3 单元信息自动抽取

单元信息自动抽取是根据预先设定好的条件，通过程序实现对已上传文献进行单元信息抽取，演示描述如表 6-9 所示。

表 6-9 单元信息自动抽取演示描述

演示编号	0003	模块名称	资源管理
用例名称	单元信息自动抽取	演示类型	功能测试
预置条件	已上传文献资源		
操作步骤	下拉选择语言、语料类型、资源解析工具、解析颗粒度、停用词表和处理资源； 点击"提交"。		
预期结果	访问"资源管理—文献库管理—单元信息管理—片段标注"可查看和编辑自动抽取的单元信息内容。		

点击"单元信息抽取"模块的"自动抽取"，即可按照分类实现单元信息的自动抽取。提交成功后即可在单元信息管理页面查看和编辑已抽取的单元信息内容。演示效果如图 6-37 所示。

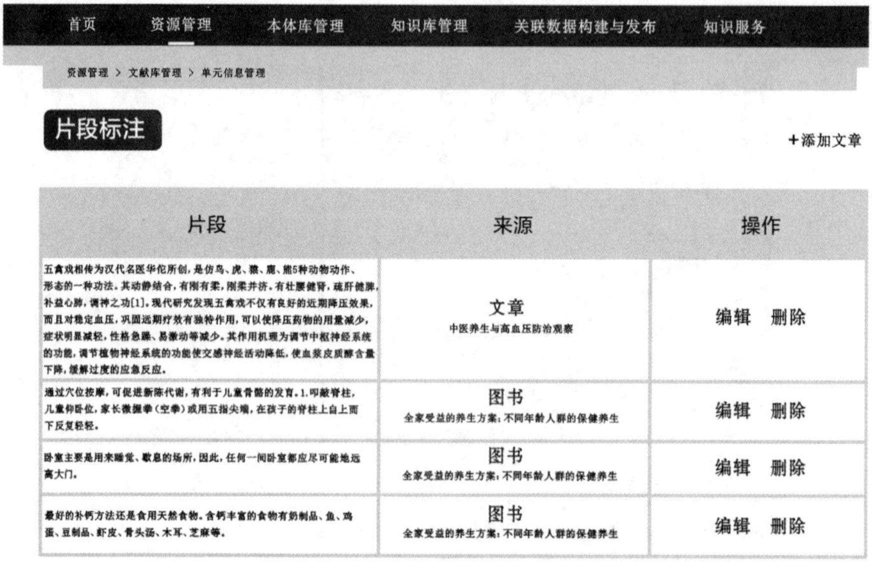

图 6-37 单元信息自动抽取演示效果图

6.4.4　单元信息实体与关联标注

单元信息的实体与关联标注是本平台的重要功能，此功能通过人工标注或模型训练实现，演示描述如表 6-10 所示。

表 6-10　单元信息实体与关联标注演示描述

演示编号	0004	模块名称	资源管理
用例名称	自动标注单元信息实体与关联	演示类型	功能测试
预置条件	已完成单元信息的抽取		
操作步骤	新建模型，设置模型名称、模型类型、算法、数据集以及参数配置，进行模型的训练； 选择训练完成的模型，进行实体与关联的自动标注。		
预期结果	能够查看到高亮的抽取信息。		

创建完成单元信息后即可对单元信息进行标注或抽取，手工标注测试效果如图 6-38 所示。

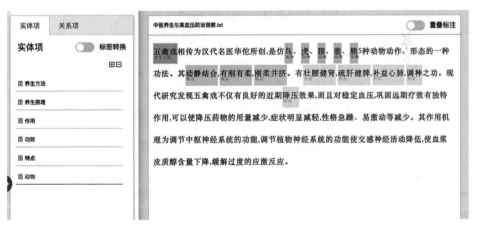

图 6-38　手工标注测试效果图

除了手工标注，还可以选择预先训练的模型进行自动抽取，自动抽取测试效果如图 6-39 所示。

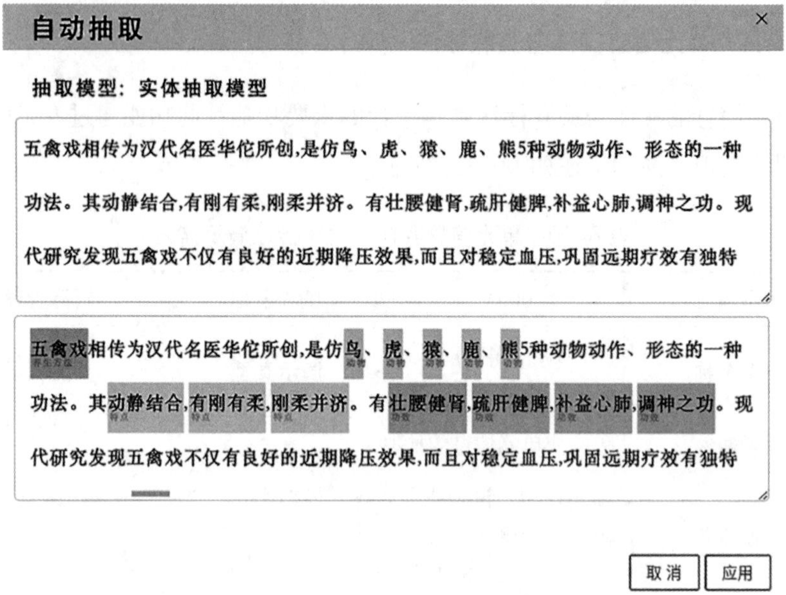

图 6-39　自动抽取实体演示效果图

单元信息经过标注或抽取后即可将标注结果导出，观察抽取效果，部分实体导出结果如表 6-11 所示，部分关联导出结果如表 6-12 所示。

表 6-11　实体标注结果导出演示效果

父类	子类	实例
疾病	高血压	高血压
养生方法	运动养生	五禽戏

表 6-12　关联标注结果导出演示效果

主体（subject）	谓词（predicate）	客体（object）
高血压	存在	性格急躁
五禽戏	包括	鸟、虎、猿、鹿、熊
五禽戏	的特点有……	动静结合
五禽戏	的特点有……	有刚有柔
五禽戏	的特点有……	刚柔并济

续表

主体（subject）	谓词（predicate）	客体（object）
五禽戏	的功效有……	壮腰健肾
五禽戏	的功效有……	疏肝健脾
五禽戏	的功效有……	补益心肺
五禽戏	的功效有……	调神
五禽戏	的功效有……	降压
五禽戏	可以调节	调节中枢神经系统

将抽取的实体与关联以可视化形式进行展示，如图 6-40 所示。

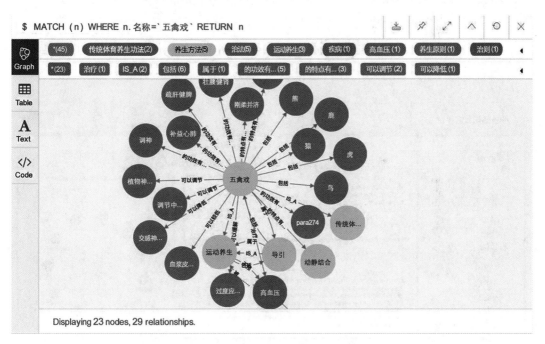

图 6-40　知识图谱可视化测试效果图

6.4.5　知识服务演示

知识服务是单元信息知识服务平台的最终呈现，用户在知识检索页面通过输入检索词获得单元信息知识服务，演示描述如表 6-13 所示。

表 6-13　知识服务演示描述

演示编号	0005	模块名称	知识服务模块
用例名称	知识检索	演示类型	功能演示
预置条件	已完成知识库的构建		
操作步骤	访问"知识服务—知识检索"页面； 在输入框内输入检索词； 点击"搜索"。		
预期结果	以文本和可视化的形式展示检索结果。		

在知识检索页面以"五禽戏"为例进行检索，用户点击搜索后即可查看检索结果，演示效果如图 6-41 所示，页面中间为单元信息文本形式如图 6-42 所示，右边为知识图谱可视化形式如图 6-43 所示，可以看到检索系统准确地查询到了"五禽戏"对应的单元信息，并将其相关的实体以知识图谱的形式进行展示。

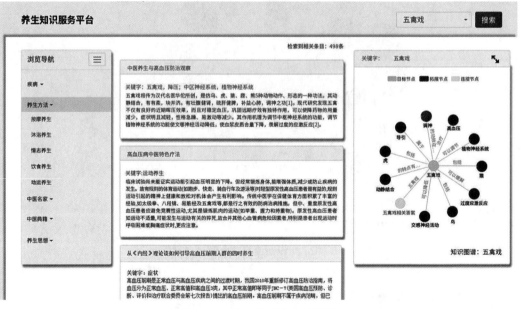

图 6-41　检索结果演示效果图

中医养生与高血压防治观察

关键字：五禽戏；降压；中枢神经系统；植物神经系统
五禽戏相传为汉代名医华佗所创，是仿鸟、虎、猿、鹿、熊5种动物动作、形态的一种功法。其动静结合，有刚有柔，刚柔并济。有壮腰健肾，疏肝健脾，补益心肺，调之功[1]。现代研究发现五禽戏不仅有良好的近期降压效果，而且对稳定血压，巩固远期疗效有独特作用，可以使降压药物的用量减少，症状明显减轻，性格急躁、易激动等减少。其作用机理为调节中枢神经系统的功能，调节植物神经系统的功能使交感神经活动降低，使血浆皮质醇含量下降，缓解过度的应激反应[2]。

图 6-42　单元信息文本展示的演示效果图

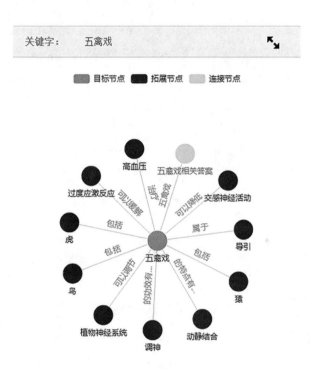

知识图谱：五禽戏

图 6-43　单元信息知识图谱展示的演示效果图

　　在单元信息关联数据发布平台的用户浏览页面，任意选择一条单元信息即可进入其详细信息页面，查看此条单元信息的所有信息和关联项。图 6-44 为"五禽戏"单元信息实例的 html 关联数据浏览页面，除以列表形式显示出各项基本属性外，还利用 isPartOf、creator 等对象属性提供相应来源文献、单元信息创建者实体的语义链接，点击该链接则可直接访问该关联资源对象的关联数据浏览页面，如图 6-45 所示。

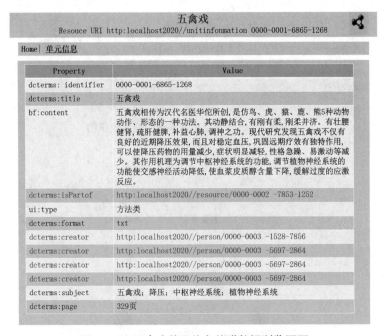

图 6-44　五禽戏单元信息关联数据浏览页面

图 6-45　相关人物的关联数据浏览页面

　　由上所述，本节对养生领域单元信息知识服务的使用平台效果进行实证演示。首先在文献库中上传与存储文章《中医养生与高血压防治观察》，然后在单元信息库中截取文章的段落形成单元信息，并对单元信息中的实体与关联进行抽取，在知识库中把实体与关联重新组织成知识图谱，最后在知识服务平台中检索到单元信息及其相关的知识图谱。

6.5 本章小结

本章主要进行养生领域单元信息知识服务平台的设计和实证演示，包括平台需求分析与架构设计、系统功能模块的设计与实现，以及通过实例对系统平台功能模块进行实证演示。"养生领域单元信息知识服务平台"集合了自然语言处理、本体构建、知识图谱、关联数据等技术，实现了为信息服务机构提供基于单元信息的知识组织管理功能和为普通用户提供基于单元信息的知识检索服务的目标。

7 总结与展望

7.1 研究成果与创新

7.1.1 研究成果

随着网络技术和数字技术的发展，图书馆传统的文献信息组织方式已经不能满足用户的知识需求，文献信息组织必须向知识组织转变。本书探讨了大数据环境下图书馆文献信息资源的知识组织方法，在分析大数据技术对图书馆信息组织影响的基础上，介绍了信息组织对象从文献单元转变为文献内部的知识单元的观点，由此采用了"单元信息"的概念，提出单元信息模型，在此基础上构建了面向大数据的单元信息组织体系。本研究的意义在于通过对单元信息的知识组织研究揭示细粒度文献信息，构建多层次多粒度的知识组织体系，实现对馆藏文献资源的深层次加工。

7.1.1.1 采用"单元信息"的概念

所谓"单元信息"是指文献中自身完整的一个知识单元，能独立于母体而存在，但内容意义自身完整，读者可直接引用的信息。单元信息与知识单元、知识元在概念特点和粒度层级上既有共同点，又有区别。单元信息在知识形态上与知识单元相似，都是隐含在文献中的片段信息，在粒度层级上与知识元的概念一致，都是不可拆分的最小独立单元。单元信息的实质是一种细粒度的知识单元，是论述某一问题的观点、数据、方法等段落语句。

7.1.1.2 构建单元信息知识表示模型

一是提出单元信息的描述模型，该模型由单元信息标识号、单元信息名称等 8 个基本元素组成。

单元信息（Unit Information，UI）的描述模型表示如下：

UI=< N，ID，CO，S，R，C，T，F>，其中：

N 表示单元信息名称，是对单元信息的高度概括，通常是一个术语名称，参照主题词表、领域本体词汇。

ID 表示单元信息标识号，即单元信息的唯一编号，构建单元信息库时自动生成。

CO（Content）表示单元信息内容本身。

S（Subject）表示单元信息的主题特征。

R（Resource）表示来源，即单元信息的来源文献。

C（Creator）表示单元信息的创作者。

T（Type）表示单元信息的内容类型。

F（Format）表示单元信息的格式，如 text、jpg 等。

二是提出单元信息的语义模型。在层次表示方法的基础上，归并具有相同意义的单元信息表示元素，重用文献资源的已有表示，建立了本书的单元信息表示模型，如图 7-1 所示，包括单元信息标识、单元信息来源文献和单元信息内容 3 个方面。

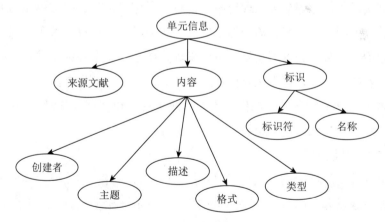

图 7-1　单元信息表示模型

7.1.1.3　构建单元信息组织体系

单元信息组织体系建设包括两部分内容：资源子体系建设和方法子体系建设。其中资源子体系是基础，方法子体系是关键。单元信息组织体系的核心内容是单元信息组织语义模型、领域本体和知识图谱构建。本书提出了单元信息的语义标注模型和资源关联模型。语义标注模型通过对单元信息进行语义标注，将非结构化的单元信息转化为规范的知识表示，实现单元信息的语义关联；资源关联模型通过对单元信息的特征及各类实体间的相互关系进行语义化、层次化、立体化的描述，建立单元信息与其他实体间的语义关联关系，构建以单元信息为核心的网状知识图谱。

7.1.1.4 进行单元信息组织实证研究

本书以养生领域为例进行了单元信息组织体系的实证研究。在中医养生知识体系的基础上构建养生领域本体，以高血压养生文献为例，进行了单元信息的抽取，以及养生单元信息知识图谱构建研究。最后，开发设计养生单元信息知识服务平台，实现单元信息的抽取、标注和语义检索功能。

7.1.2 研究的创新点

本书通过对单元信息基本理论的分析以及知识组织技术方法的应用，提出了单元信息组织体系，对图书馆文献信息组织方法进行了如下创新：

7.1.2.1 理论创新

本书实现了信息组织加工理论创新，对图书馆以文献整体为单元的组织加工体系进行创新，在文献整体和篇章层面组织的基础上，提出基于文献片段的单元信息组织方法，完善了文献信息组织理论体系。本书在揭示文献外形特征和主题内容的基础上，探索文献信息资源的深度加工和利用方法，深入到文献内部，揭示文献中所含的知识信息单元，并实现知识之间、文献之间的关联，为面向大数据的单元信息的组织和利用提供支撑。

7.1.2.2 实践创新

本书以养生领域为例，进行了单元信息的实证研究，包括养生领域单元信息资源体系建设和知识组织方法体系建设，其中养生资源的选择、单元信息的选取、养生领域本体的构建等，都具有较强的操作性，能够对实践中的重要问题和应用提供指导。通过对单元信息知识服务平台进行养生领域单元信息实证测试，实现了单元信息的语义检索与知识关联，验证了单元信息组织体系方法的可行性。

7.2 研究局限与未来展望

7.2.1 研究局限

研究视角方面，本书从大数据、信息组织、知识组织、人工智能等多个技术角度切入，但由于研究者缺乏大数据和人工智能技术的使用经验和操作能力，因此在构建单元信息组织体系时在技术方面研究不足。

研究内容方面，本书重点对文本型单元信息进行全面分析，没有对图片类和视频类的单元信息进行深入讨论，由于图片和视频资源与文本资源的差异较大，因此在图片与视频类型单元信息的抽取方法、自动标注、存储处理等方面均需要更专业的技术手段与方法。

研究方法方面，本书采用理论与实证相结合的研究方法。在实证研究方面本来考虑全部采用文献自动处理技术以实现单元信息的抽取、领域本体构建及自动标注，但由于技术门槛较高，故采取了单元信息的人工抽取和标注手段。

7.2.2 未来研究展望

本书目前的研究还有很多方面尚未展开，未来还需要不断深化，如单元信息的粒度问题、不同类型单元信息的自动抽取研究。基于领域的单元信息组织体系实证研究仅限于组织方法的研究，领域本体构建不充分，内容范围也仅涉及养生领域中一个很小的局部（高血压养生）；单元信息的格式也仅限文本格式，未涉及图片、音视频等类型。

在单元信息知识服务平台的技术实现层面，目前只实现了单元信息知识服务平台的概念设计和部分功能，如单元信息的语义检索功能、检索结果的可视化功能；而单元信息的自动抽取、自动语义标注、关联数据的构建和发布等功能尚未实现，未来将在这些方面继续研究。

参考文献

［1］MANYIKA J, CHUI M, BROWN B, et al. Bigdata: The next frontier for innovation, competition, and productivity［EB/OL］.［2023-10-26］.https://www.mckinsey.com/business-functions/digital-mckinsey/our-insights/big-data-the-next-frontier-for-innovation.

［2］马张华.信息组织［M］.北京：清华大学出版社，2018.

［3］丁侃，柳长华.国内知识元相关研究现状［J］.数字图书馆论坛，2011（12）：72-78.

［4］储节旺，郭春侠.信息组织的原理、方法和技术［M］.合肥：安徽大学出版社，2002.

［5］郭少友，常桢，窦畅.国内知识元研究综述［J］.图书馆理论与实践，2014（11）：38-41.

［6］温有奎.知识元挖掘［M］.西安：西安电子科技大学出版社，2005.

［7］赵火军，温有奎.基于引文链的知识元挖掘研究［J］.情报杂志，2009（3）：148-150.

［8］温有奎，徐国华.知识元链接理论［J］.情报学报，2003（6）：665-670.

［9］李月婷.中国三大全文数据库知识链接方式比较分析［J］.图书馆，2013（6）：86-87，98.

［10］卢艳兰.数字图书馆细粒度知识体系标准研究［J］.图书馆学刊，2016（7）：44-47.

［11］包冬梅.从信息组织视角解析CNKI［J］.图书情报工作，2009（10）：106-110.

［12］李广建，陈瑜.知识融合研究的现状分析和建议［J］.图书情报工作，2019，63（1）：41-51.

［13］王彬彬，黎建辉，沈志宏.基于 NoSQL 的 RDF 数据存储与查询技术综述［J］.计算机应用研究，2015（5）：1281-1286.

［14］常娥，夏婧.多种知识组织方法比较［J］.图书馆论坛，2016（8）：1-6.

［15］李洁，丁颖.语义网、语义网格和语义网络［J］.计算机与现代化，2007（7）：38-41.

［16］刘华梅.叙词表与其他词表的互操作标准［J］.国家图书馆学刊，2016（2）：11-15.

［17］李娜，任瑞娟.叙词表、分类法与分布式本体［J］.现代情报，2007（12）：122-124，127.

［18］王景侠.知识组织的工具及其语义互操作方法体系［J］.数字图书馆论坛，2013（5）：41-46.

［19］司莉，张孝天.多语言知识组织系统的互操作项目调查及研究［J］.情报科学，2016（9）：3-6，17.

［20］贾君枝.面向数据网络的信息组织演变发展［J］.中国图书馆学报，2019（9）：51-60.

［21］袁毓林，曹宏."语义网—本体知识—知识图谱"和语言研究［J］.汉语学报，2021（1）：8-19.

［22］李旭晖，秦书倩，吴燕秋，等.从计算角度看大规模数据中的知识组织［J］.图书情报知识，2018（6）：94-102.

［23］刘炜，夏翠娟，张春景.大数据与关联数据：正在到来的数据技术革命［J］.现代图书情报技术，2013（4）：2-9.

［24］刘炜.关联数据：概念、技术及应用展望［J］.大学图书馆学报，2011（2）：5-12.

［25］曹树金，王志红，王连喜.国内外知识组织研究内容与发展——基于《图书情报工作》与 Knowledge Organization 期刊论文的比较分析［J］.图书情报知识，2017（4）：100-112.

［26］许鑫，杨佳颖.国外语义网研究现状与动向——基于 2002—2018 年 ISWC 会议［J］.情报学报，2020（7）：761-776.

［27］孙坦，鲜国建，黄永文，等.面向外文科技文献的科技知识组织体系建设与应用［J］.数字图书馆论坛，2020（7）：20-29.

［28］李晓瑛，李军莲，邓盼盼，等．医学知识组织系统构建研究与应用实践［J］．数字图书馆论坛，2020（7）：30-35.

［29］常春，杨婧，李永泽．知识组织生态系统构架形成与研究进展［J］．图书情报工作，2019，63（7）：146-150.

［30］倪晓建．问道书渊·图书馆工作偶拾［M］．上海：上海科学技术文献出版社，2014.

［31］温有奎，徐国华，赖伯年，等．知识元挖掘［M］．西安：西安电子科技大学出版社，2005.

［32］廖开际，熊会会，叶东海．基于知识元理论的应急文档结构化建模［J］．计算机应用研究，2011（1）：175-178.

［33］秦春秀，杨智娟，赵捧未，等．面向科技文献知识表示的知识元本体模型［J］．图书情报工作，2018（3）：94-103.

［34］徐昊．科技知识对象的语义模式研究［D］．长春：吉林大学，2013.

［35］温有奎，焦玉英．Wiki 知识元语义图研究［J］．情报学报，2009（6）：870-877.

［36］高俊芳．云计算下的高校图书馆学科知识服务研究［J］．图书馆学研究，2015（2）：54-58.

［37］温浩，温有奎．主题成因的知识元本体转换模型研究［J］．情报学报，2011（11）：1123-1128.

［38］宋培彦，路青，刘宁静．一种从术语定义句中自动抽取知识单元的方法［J］．情报杂志，2014（4）：139-143.

［39］谈春梅，颜世伟．网络专题知识组织知识元自动抽取系统的设计与实现［J］．现代图书情报技术，2008（3）：62-67.

［40］BIZER C，HEATH T，BERNERS L T. Linked Data—The Story So Far［J］. International Journal on Semantic Web and Information System，2009（3）：1-22.

［41］BECHHOFER S，MILES A. SKOS Simple Knowledge Organization System Reference［EB/OL］.［2023-10-26］.https://www.w3.org/TR/skos-reference/.

［42］岳丽欣，刘文云．国内外领域本体构建方法的比较研究［J］．情报理论与实践，2016（8）：119-125.

［43］贾李蓉，于彤，李海燕，等．中医药语义网络的顶层框架研究［J］．中国数

字医学，2015（3）：54-57.

［44］中医药系列知识服务平台［EB/OL］.［2023-10-26］.https://gb.tcm.cnki.net/.

［45］中医临床术语系统［EB/OL］.［2018-09-06］.http://tcmcts.org/tpweb/MainPubInitAction_main.

［46］中国中医药学主题词表［EB/OL］.［2018-09-06］.http://tcmesh.org/.

［47］沈志宏，张晓林.关联数据及其应用现状综述［J］.现代图书情报技术，2010（11）：1-9.

［48］牛永骎，常娥.基于D2R发布学者关联数据探究［J］.图书情报工作，2017（10）：13-21.

［49］夏翠娟，刘炜，陈涛，等.家谱关联数据服务平台的开发实践［J］.中国图书馆学报，2016（5）：27-38.

［50］朱学芳，王若宸.非遗图像语义信息本体构建及其关联数据存储和发布研究［J］.现代情报，2021（6）：54-63.